Verlag | ID: 128-50040-1010-1082

CO_2-Emissionen vermeiden, reduzieren, kompensieren – nach diesem
Grundsatz handelt der oekom verlag. Unvermeidbare Emissionen
kompensiert der Verlag durch Investitionen in ein Gold-Standard-Projekt.
Mehr Informationen finden Sie unter: www.oekom.de.

Bibliografische Information der Deutschen Nationalbibliothek:
Die Deutsche Nationalbibliothek verzeichnet diese Publikation
in der Deutschen Nationalbibliografie; detaillierte bibliografische
Daten sind im Internet über http://dnb.d-nb.de abrufbar.

Deutsche Erstausgabe
Copyright der Originalausgabe »Un'idea di felicità«:
© 2014: Luis Sepúlveda, Ugo Guanda Editore, Slow Food
Publiziert in Übereinkunft mit: Literarische Agentur Mertin,
Inh. Nicole Witt e. K., Frankfurt am Main

Copyright der deutschen Ausgabe: © 2015 oekom verlag München
Gesellschaft für ökologische Kommunikation mbH
Waltherstraße 29, 80337 München

Lektorat der Übersetzung:
Christoph Hirsch, Laura Kohlrausch, oekom verlag
Korrektorat: Maike Specht
Umschlaggestaltung: www.buero-jorge-schmidt.de
Layout und Satz: Reihs Satzstudio, Lohmar
Illustrationen: Bernd Wiedemann, Krailling
Druck: GGP Media GmbH, Pößneck

Dieses Produkt ist auf Druckpapier gefertigt, das nach
den Richtlinien des Forest Stewardship Council (FSC) für
verantwortungsvolle Waldbewirtschaftung zertifiziert ist.

MIX
Papier aus verantwor-
tungsvollen Quellen
FSC® C014496

LUIS SEPÚLVEDA
&
CARLO PETRINI

EINE IDEE VON GLÜCK

Aus dem Italienischen und Spanischen
von Myriam Alfano

Inhalt

EINE IDEE VON GLÜCK

Ein Gespräch zwischen
Carlo Petrini und Luis Sepúlveda

CARLO PETRINI: Luis, dein letztes Buch *Der langsame Weg zum Glück. Ein Schneckenabenteuer* hat mich sehr berührt, weil es von einem grundlegenden Thema für Slow Food und von unserem Symboltier handelt. Du hast erzählt, dass eine Frage deines Enkels dich dazu gebracht hat, das Buch zu schreiben ...

LUIS SEPÚLVEDA: Kinder brauchen poetische Antworten. Mein Enkel beschäftigte sich mit Langsamkeit, also erwiderte ich, dass ich ein bisschen Zeit für die Antwort bräuchte. So ist die Geschichte mit der Schnecke entstanden. Und bei meinen Recherchen fand ich heraus, dass die Schnecke für ganz viele Völker auch ein Symbol für Gleichgewicht ist. Die Schnecke besitzt exakt, was sie braucht, nicht mehr und nicht weniger. Ihr Schneckenhaus ist genau so groß, wie sie es zum Leben braucht: Wenn sie zwei Zentimeter wächst, wächst ihr Haus zwei Zentimeter mit, kein bisschen mehr.

CP: Besonders gut gefällt mir die Stelle, bei der die Schnecke der Schildkröte auf den Panzer klettert und sagt: »Du bist aber schnell!« Alles ist relativ. Heute ist Langsamkeit natürlich die Losung für uns. Aber dieses philosophische Element war schon da, als wir den Slow-Food-Gedanken gerade erst entwickelten, und zwar vor Milan Kundera. In unserem Gründungsmanifest stand: »Dem dynamischen

Leben setzen wir das gemächliche Leben entgegen. Zum Schutz vor denjenigen, die Effizienz mit Hektik verwechseln – und das sind die meisten –, schlagen wir eine Impfung mit einem rechten Maß an verlässlichen Sinnesfreuden vor, die genussvoll und langsam ausgekostet werden.« Denn eine weitere Säule von Slow Food ist das Recht auf Genuss, er ist mit der Langsamkeit untrennbar verbunden: Das eine gibt es ohne das andere nicht. Aber leider war diese vehemente Forderung nach Genuss schon immer Fluch und Segen für uns. Ein Fluch, weil wir dadurch sofort in der Kategorie von Menschen gelandet sind, die sich, verglichen mit anderen, gutes Essen überhaupt leisten können. Und ein Segen, weil ich denke, dass das Recht auf Genuss ein Recht der gesamten Menschheit ist, nicht nur der Reichen. Als Agnostiker möchte ich lieber im Hier und Jetzt auf Erden genießen, als auf das Jenseits zu warten.

LS: Ja, das wäre das Beste. Das Recht auf Genuss könnte als die andere Seite der Medaille des Rechts auf Arbeit verstanden werden, noch ein grundlegendes Menschenrecht, von dem in letzter Zeit anscheinend keiner mehr etwas wissen will – weder Parteien noch politische Organisationen, die Rechten genauso wenig wie die Pseudolinken. Alle versuchen sie, das Thema herunterzuspielen. Für sie ist Arbeit eher ein Geschenk als ein Recht. Dabei vergessen sie, dass es dem Arbeiter einzig und allein um das Recht auf

Arbeit geht. Es ist dasselbe System, das im Namen von Unternehmens- und Bankeninteressen gegen das Recht auf Arbeit vorgeht, das den Arbeitern, also dem weniger privilegierten Teil der Bevölkerung, das Recht auf Genuss verweigert. Und damit meine ich keinen Luxus, sondern eine Form der Freiheit, die kleine Freuden schenkt, und sei es nur ein Stadtspaziergang, bei dem man über das Leben nachdenken, sich umschauen und kleine Dinge entdecken kann, die glücklich machen.

Es ist eines der Hauptprobleme der letzten Jahre, einer der Gründe, weshalb in Lateinamerika, wie fast überall sonst auf der Welt, zahlreiche Möglichkeiten verschenkt wurden, dass die spartanische, stoische Linke der Frage des Genussprinzips, im Sinne einer würdevollen Existenz für alle, überhaupt keine Beachtung geschenkt hat. Die Botschaft dieser Linken unterscheidet sich eigentlich gar nicht so sehr von derjenigen der Kirche, die einem erst nach dem Tod das Paradies verspricht, weil unsere Welt eine Welt des Leidens ist. Die Botschaft dieser Linken lautet fast immer gleich: Im Hier und Jetzt müssen wir leiden, aber nach der Revolution erobern wir das Glück. Diese Kultur lässt sich nur schwer verändern, und es gibt noch zu wenige Initiativen, die sich für ein würdevolles, ein gutes Leben, für eine gute Regierung oder Umweltschutz einsetzen. Es werden immer mehr, aber noch sind sie in der Minderheit. Dabei muss man sich mit einer klaren Botschaft an alle wenden:

Das Leben ist kurz, es ist gut, und jeder hat das Recht, glücklich zu sein. Das bedeutet aber nicht, dass jedem das Recht zustünde, reich zu werden oder andere zu unterwerfen. Man darf das nicht verwechseln. Hier geht es um ein *anderes* Glück. Es geht um die kleinen Freuden, die doch so kostbar sind.

CP: Ganz genau, jeder hat ein Recht auf Genuss, und zwar hier auf dieser Welt und nicht erst im Jenseits. Deshalb ist es umso wichtiger, darauf zu achten, es nicht zu übertreiben – genau wie die Schnecke. Genussvolles Essen hat nämlich nichts mit Völlerei zu tun, nichts mit Überfluss oder damit, dass jeder nur an sich denkt und nichts abgibt.

Wer wie wir mit einer linken Ideologie groß geworden ist, dem ist alles, was mit Teilen und Einschränkung zu tun hat, in Fleisch und Blut übergegangen. Manche linken Gruppierungen liebten es zu leiden, oder zumindest taten sie so. Wir haben uns für einen anderen Weg entschieden. Wir fordern das Recht auf Genuss und werden dabei immer noch oft missverstanden. Slow Food ist es durch Terra Madre gelungen (das große internationale Netzwerk für nachhaltige Ernährung, das 2004 auf Initiative von Slow Food entstand, siehe www.terramadre.org), die Dinge beim Namen zu nennen und Veränderungen anzustoßen. Und in Afrika wird uns das jetzt erst recht gelingen (Näheres dazu im Kapitel »Eine Idee von Fortschritt« und da-

rin zum Projekt *10.000 Obst- und Gemüsegärten für Afrika*).
Einem so frei organisierten Netzwerk wie Terra Madre tun
klare Zielsetzungen hin und wieder ganz gut. Beim letzten internationalen Slow-Food-Kongress haben wir deshalb postuliert: »Menschen in Afrika vor dem Hungertod
zu retten, muss heutzutage das wichtigste Ziel sein, denn
solange noch Menschen verhungern, kann man gar nicht
über Ernährung sprechen.« Wenn man die Dinge beim
Namen nennt, macht man deutlich, dass auch das zum
Kampf für das Recht auf Genuss gehört, dass Genuss für
jedermann auch mit diesen großen zivilisatorischen Aufgaben zusammenhängt. Die Tatsache, dass es heutzutage immer noch Hunger und Unterernährung auf der Welt gibt,
ist skandalös.

In diesem Zusammenhang ist mir eine Analogie zwischen Sklaverei und Hunger aufgefallen. In der Gründungs-
zeit der Vereinigten Staaten von Amerika war eine ganze
Nation damit beschäftigt, eine Verfassung zu entwerfen,
die das Recht auf Gleichheit und Glück einfordert – die
Sklaverei existierte aber noch. Es hat noch gut zwei Jahr-
hunderte gedauert, dieser Barbarei ein Ende zu machen,
denn das letzte Gesetz zur Sklavenhaltung wurde erst im
20. Jahrhundert abgeschafft. Was das Essen betrifft, sind
wir heute in einer ganz ähnlichen Situation. Niemand stellt
das Recht auf Nahrung in Zweifel, gleichzeitig leben wir
mit dieser Wunde der Hungertoten. Es gibt sie, und sie kla-

gen uns an. Wie uns die FAO, die Ernährungs- und Land-wirtschaftsorganisation der Vereinten Nationen, vorrech-net, würden 34 Milliarden Dollar jährlich genügen, um das Problem aus der Welt zu schaffen. Dazu bräuchte man nur ein paar Jagdbomber weniger zu kaufen. Ein Klacks für die Regierungen dieser Erde! Aber weil niemand den Wil-len aufbringt zu helfen und alle wegschauen, sterben die Menschen weiter. Dass externe Maßnahmen, übernatio-nale Strukturen Abhilfe schaffen können, daran glaube ich nicht mehr. Man muss die Sache anders anpacken, auf an-derer Ebene arbeiten.

In unseren afrikanischen Gemeinschaften, in den Afrika-projekten von Terra Madre, gibt es zum Beispiel keine Missionare, keine Funktionäre, keine Koordinatoren oder bezahlte Mitarbeiter aus dem Ausland. Es gibt nur afrikani-sche Bürger. Weil wir den Afrikanern dazu verhelfen müs-sen, sich selbst aus dieser demütigenden Lage zu befreien. Denn mit unseren unterschiedlich abscheulichen Formen von Kolonialismus und Neokolonialismus haben wir Indus-trienationen bisher nur verstanden, sie auszurauben. Jetzt ist es an der Zeit, ihnen etwas zurückzugeben. Unsere Hilfe darf nicht darin bestehen, ihnen vorzuschreiben, was sie tun müssen, wir müssen sie einfach machen lassen. Dort ist es, wo das Recht auf Genuss eingefordert werden muss, in Afrika! Ein schlichter, fairer Genuss, ausreichend und gut zu essen zu haben, ohne sich den lieben langen Tag mit dem Gedanken herumzuquälen, womit man abends seine Kinder füttern soll.

Aber so weit sind wir noch nicht. Die Länder sind noch nicht autonom genug, den Wandel selbst voranzutreiben. Wenn man mich nach den Grundpfeilern von Terra Madre fragt, nenne ich immer zwei: Der erste ist das, was ich »Emotionale Intelligenz« nenne. Ich hoffe, ich schaffe es auch das nächste Mal wieder zum Markt des guten Geschmacks (Salone Internazionale del Gusto) und bald auch wieder nach Afrika, wo ich diesen zehntausend Bauern aus aller Herren Länder und mit den verschiedensten Religionen dabei zusehen kann, wie sie miteinander interagieren. Bei solchen Gelegenheiten ist diese Art der Intelligenz zu spüren, die so ganz anders ist als die rein rationale, weil sie aus uraltem Wissen und auch aus ganz viel Menschlichkeit besteht. Sie beinhaltet die Fähigkeit, einander zu mögen, sich auf das Existenzielle zu konzentrieren, und die Bereitschaft, mit anderen zu teilen. Der zweite Grundpfeiler ist das, was ich »selbstversorgende Anarchie« nenne: In seinem eigenen Land darf jeder machen, was er will. Ich kann als Italiener doch nicht nach Lateinamerika gehen und den Leuten dort vorschreiben, was sie anpflanzen sollen. Und ein Netzwerk, wenn es denn ein Netzwerk ist, darf nicht hierarchisch organisiert sein, man muss es in Ruhe lassen. Das klingt schwierig, ich weiß, aber anders geht es nicht. Und ich sehe, dass unsere Gemeinschaften den Boden mit einer Kreativität und einem Wissen erschließen, die ihnen keine Organisation der Welt bieten könnte. Überhaupt keine. Ich komme gerade aus Brasilien, wo wir für Mädchen und Jungen aus den Favelas Kochschulen gründen. Eine davon wird von der Köchin Regina Tchelly geleitet und trägt den Namen *Favela Orgânica*: Jeder Haushalt legt ein kleines Beet an, ungefähr so groß wie ein Sofa, damit die Familien sich selbst versorgen und die Kultur des Anbaus wiederentdecken können. Der Wandel geht von den Gemeinschaften aus! Wir müssen sie dabei unterstützen!

Wenn ich mir die Geschichte deines Lebens und deiner Auseinandersetzungen ansehe, wird mir deutlich, dass wir ein gemeinsames Ideal haben: Du warst – und bist – ein aufrichtiger Kämpfer für die Demokratie, für die Menschenrechte. Du kanntest Salvador Allende aus nächster Nähe und hast viele wichtige Ereignisse der lateinamerikanischen Geschichte, wie die Revolution in Nicaragua, miterlebt. All die Bewegungen, die mit unterschiedlichen Zielsetzungen und auf verschiedene Weise dazu beigetragen haben, dass Lateinamerika heute ein Ort größter Hoffnung für die Zukunft ist. Angefangen hast du mit einem Projekt bei den Indios, das ist jetzt über dreißig Jahre her …

LS: 1977/78 habe ich bei Indigenen in der *Serranía*, dem großen Andengebiet Ecuadors, und in der Provinz Cotopaxi gelebt, wo heute, glaube ich, auch Slow Food aktiv ist. Es

war der Beginn meines Exils, ich arbeitete mit dem Bauern-
syndikat für die Alphabetisierung der Menschen in der Region. Inspiriert von den Texten Paulo Freires, habe ich eine
Alphabetisierungsmethode entwickelt. Sechs Monate später hatten wir 30.000 Menschen Lesen und Schreiben bei-
gebracht.

CP: Was hatte Ecuador damals für eine Regierung?

LS: Es war eine merkwürdige Diktatur, ein mittelmäßiger
General, der unter dem Pantoffel seiner Frau stand: Die
wahre Diktatur übte die Dame aus. Von einer echten Re-
pression konnte man eigentlich nicht sprechen, vor allem
weil Ecuador Erdöl hatte und deshalb ein reiches Land war.
Aber weil sich alle auf das schwarze Gold konzentrierten,
ließen sie die anderen Probleme leider außer Acht: Die
Landwirtschaft, das Amazonasgebiet, die Bauern ... das
hatte alles keine Bedeutung, es ging nur ums Öl. Von 1975
bis 1983 war Ecuador nach Venezuela der zweitgrößte Erd-
ölförderer Lateinamerikas, was einer sehr begrenzten Gesellschaftsgruppe immensen Reichtum bescherte. Selbstverständlich hat keiner davon Steuern im Land gezahlt,
das Kapital wanderte auf die Kaimaninseln und in andere
Steuerparadiese ab.

Nach zwei Jahren ging ich von Ecuador nach Nicaragua. Dort feierten im Juli 1979 die Sandinisten ihren Sieg.

Im März dieses Jahres waren alle guten Kämpfer aufgerufen worden, die Revolution zu unterstützen. So bildeten wir die letzte internationale Brigade, die Brigade Simón Bolívar [die die Sandinistische Nationale Befreiungsfront unterstützen sollte – Anm. d. Ü.]: eine Gruppe von Lateinamerikanern aus Argentinien, Chile, Uruguay, aber ein paar Europäer, zum Beispiel aus Italien und Deutschland, waren auch dabei. Wir machten uns also auf zum Kampf nach Nicaragua – und wir haben gewonnen! Dieses eine Mal haben wir tatsächlich gewonnen!

Bis zum Januar 1980 blieb ich in Nicaragua, aber es gefiel mir nicht, wie sich die Lage entwickelte. Die Revolution zur Machtübernahme ist von Anfang an schiefgelaufen, weil nichts gegen die Korruption unternommen wurde, die das größte Problem der Macht ist. Weil man nicht begriff, dass ein seit so langer Zeit bestehender bewaffneter Konflikt eine radikal-pazifistische Lösung brauchte. Nur ein Mann hat das begriffen, einer der Guerillaführer, der Edén Pastora hieß und auch »*Comandante Cero*« genannt wurde. Er hatte einen Plan: Direkt nach dem Sieg der Revolution am 19. Juli 1979 sollten wir alle Waffen in ein großes Feuer werfen und für die Verteidigung der Grenzen Nicaraguas die Hilfe der Vereinten Nationen anfordern. So hätten wir dreißig Prozent der Verteidigungsausgaben für den Wiederaufbau des Landes einsetzen können. Aber damals war Reagan in den USA an der Macht und finanzierte die Contra-Rebellen in Honduras: Die Gewalt ging also weiter, und Gewalt führt zu Korruption. Die Ergebnisse liegen auf der Hand. Nicaraguas gegenwärtiger Präsident, Daniel Ortega, einer der Anführer der sandinistischen Revolution, ist heute Besitzer eines Millionenvermögens und mehrerer Villen im Ausland. Das war das Ende dieser Revolution.

CP: Auf der einen Seite haben sie Reagan an den Hacken, und auf der anderen Seite wechseln die das Lager ... das könnte man sich wirklich mal näher betrachten, diese Genmutation eines Revolutionsprozesses.

LS: Für ein Land wie Nicaragua, das schon so viele Jahre für seine Freiheit kämpfte, war es damals eine tolle Chance. Sandino hatte den Kampf 1927 aufgenommen. Der erste Comandante hieß Tomás Borge, ein Mitgründer der Sandinistischen Partei, den sie zwanzig Jahre lang ins Gefängnis gesteckt hatten. Einen Monat vor dem Ende der Revolution konnten wir ihn im Juni endlich befreien. Zwanzig Jahre in diesem Loch hatten ihn fast zum Invaliden gemacht, zu einem Greis. Die ganze Welt sah in ihm einen Genossen von unzweifelhafter Moral, einen Helden. Zwei Jahre an der Macht haben ausgereicht, um ihn zu einer Art Karikatur zu machen, zu einer machthungrigen Bestie, die sich einen goldenen Greif ins Wohnzimmer hängt. Du warst zwanzig Jahre im Knast, Mann. Ist ja okay, wenn du mal duschen willst oder dir irgendwas anderes Luxuriöses gönnen. Aber muss es gleich ein goldener Adler sein? Pastora hat da einen anderen Weg eingeschlagen. Er hat schnell begriffen, dass die Sache schieflaufen würde, und hat sich nach Costa Rica abgesetzt. Hat an der Küste als Fischer gelebt, in völliger Abgeschiedenheit. Er lebt immer noch dort, und obwohl er schon ziemlich alt ist, hat er noch immer die starken Arme eines Fischers.

CP: Ein Mann, den ich unheimlich gerne kennenlernen würde. Wer Land bestellt, als Fischer arbeitet, wer mit der Natur in Verbindung tritt und sich auf respektvolle Weise Nahrung beschafft – das sind Menschen, die man unbedingt kennenlernen sollte. Oft werden sie gering geschätzt, aber wenn man genauer hinsieht, können sie uns vieles beibringen, uns viel über das Leben erklären. Wer weiß, wie viel ein Mann wie Pastora zu erzählen hätte ... Aber wo wir gerade über Politik sprechen: Wie stehen die Chancen für eine Veränderung in Chile denn heute?

LS: Die große Neuigkeit sind die vier jungen Vertreter der Studentenbewegung, die bei den letzten Wahlen ins Parlament gekommen sind. Camila Vallejo ist die Bekannteste davon. Es weht schon ein frischer Wind, bleibt nur zu hoffen, dass er auch anhält. Wie in vielen anderen Ländern sinkt die Wahlbeteiligung: 2013 lag sie bei lediglich fünfzig Prozent, eine Katastrophe, aber bei der Geschichte kein Wunder, das Misstrauen der Wähler wurde ja lange genährt.

Erinnern wir uns kurz an das Ende der Achtzigerjahre: Beim Plebiszit 1988 gibt es ein klares »Nein« zur Diktatur, und in Chile kommt es zu einer starken Mobilisierung der Gesellschaft. Man darf nicht vergessen, dass es in den sechzehn Jahren der Diktatur immer eine politische Untergrundbewegung gab, die die Erinnerung an die Möglichkeit einer anderen Lebensweise, die Möglichkeit einer Demokratie, lebendig gehalten hat: eine sehr starke Militärbewegung namens *Frente Patriótico Manuel Rodríguez*, sehr junge Menschen, fast alle kamen aus der kommunistischen Jugend. Als die Möglichkeit einer friedlichen Lösung in Sicht ist, geben sie mit großer Weitsicht den bewaffneten Kampf auf und stellen sich bei den ersten Wahlen 1989 der ehemaligen traditionellen Rechten. Diese neue und äußerst einflussreiche politische Kraft setzt sich aus verschiedenen Parteien zusammen, unter anderem aus der ehemaligen Sozialistischen Partei, den ehemaligen Christdemokraten und einer kleinen sozialdemokratische Partei: Gemeinsam rufen sie das Mitte-links-Bündnis *Concertación de Partidos por la Democrácia* (Koalition der Parteien für die Demokratie) ins Leben. Ihr durchaus effektvoller Slogan lautet: *»La alegría ya viene«*: Die Freude ist nah – und damit das Glück. Ein Slogan, der das Ende der langen und dunklen

Nacht der Diktatur ankündigt. Ganz oben auf dem Programm steht eine neue Verfassung, weil ein demokratisches Land nicht mit einem Verfassungspapier aus einer Diktatur funktionieren kann. Auch andere wichtige Themen wie soziale Gerechtigkeit werden angegangen, also alles Dinge, die es in Chile bisher nicht gab.

Die erste Regierung wird gebildet, ein Christdemokrat wird Präsident, aber die *alegría* bleibt aus … Die Verfassung wird doch nicht geändert, es herrschen weiter Ungerechtigkeit und Korruption. Als die zweite Regierung die Macht übernimmt, diesmal sind es Sozialisten, sagen wir uns: Dann kommt sie jetzt, die *alegría*! Aber mit großer Enttäuschung stellen wir fest, dass sie eher in noch weitere Entfernung rückt. Die große Berufsgruppe der öffentlichen Angestellten, Lehrer und Pflegekräfte, die heute zwischen siebzig und fünfundachtzig Jahre alt sind und die 1982 in der letzten Phase der Diktatur kurz vor der Pensionierung standen, hätte, um nur ein Beispiel zu nennen, ein bisschen *alegría* bitter nötig gehabt. Selbst in den finstersten Zeiten der chilenischen Altersvorsorge gab es eine Kasse, die den Mitgliedern dieser Berufsgruppe eine würdige Rente sicherte. 1982 aber beschloss die Diktatur, diese Gelder für Börsenspekulationen zu verwenden und somit die Renten einer sehr großen Bevölkerungsgruppe aufs Spiel zu setzen. Und zu verlieren. Es gab weder eine Entschuldigung noch eine Wiedergutmachung, die Leute wurden mit einer öffentlichen Bekanntmachung abgespeist: »Entschuldigt bitte, die Regierung dachte, sie würde euch was Gutes tun, und hat dabei eure Rente an der Börse verzockt, tut uns echt leid, dass es nicht geklappt hat.« Protest ist in einer Diktatur nicht möglich. Das lag mittlerweile zehn Jahre zurück, aber die *alegría*, die man von der neuen sozialistischen Regierung mindestens erwartete, war eine Entschädigung für diese Leute. Wenn auch nur eine kleine. Aber eine ganze Generation ist gestorben, ohne je Rente bekommen zu haben. Meine Mutter gehörte auch dazu. Sie hat ihr ganzes Leben lang gearbeitet und am Ende keine Rente bekommen. Diese Leute haben die letzten Jahre ihres Lebens unterstützt von der gesellschaftlichen Solidarität, aber in bitterer Armut verbracht.

Auch unter der dritten Regierung, wieder einer christdemokratischen, wird nichts aus der *alegría*. Und noch schlechter sieht es unter Michelle Bachelet aus, der letzten Hoffnung, in deren erster Amtszeit zwischen 2006 bis 2010 der Betrug enorme Ausmaße annahm. Es leuchtet zwar jedem ein, dass es mit einer Verfassung, die noch aus der Diktatur stammte, nicht leicht war, etwas zu verändern. Andererseits fehlte aber auch der politische Wille zur Veränderung, es fehlte der Mut. Am Ende ihrer Amtszeit im Jahr 2010 hat Bachelet über 80 Prozent der Zustimmung in der Bevölkerung, ein historischer Rekord. Da jedoch laut Gesetz mindestens eine Amtszeit bis zur nächsten Kandidatur vergehen muss, kann sie sich nicht erneut aufstellen lassen, und so wird Sebastián Piñera gewählt. Er steht einer konservativen Regierung vor, von *alegría* ist da keine Spur, aber gewisse Angelegenheiten, die keine linke Regierung anzupacken gewagt hatte, kann er vorantreiben.

Sehen wir uns ein paar Beispiele an. Eine der Klagen des Volkes lautete: Wieso müssen die Militärs, die gegen die Menschenrechte verstoßen, viele Opfer gefoltert und verschleppt haben und als Mörder verurteilt wurden, jetzt in einem Fünf-Sterne-Luxusgefängnis sitzen? Eine berechtigte Frage. Piñera sagt: Stimmt, ihr habt recht. Wir schließen es und stecken die Leute in ein normales Gefängnis, wie andere Verbrecher auch. Einer der größten Militärs hat das nicht ausgehalten und sich umgebracht. Außerdem hat diese Rechtsregierung eine Entscheidung getroffen, für die keine Linksregierung vor ihr den politischen Willen hatte, und sich mit der Frage konfrontiert: Wieso fließen zehn Prozent der Gesamteinnahmen aus dem Kupferexport, der großen Stärke der chilenischen Wirtschaft, ins Militär? Und dann streicht er diese Mittel, womit er eine immense Machteinschränkung der Militärs erreicht, die vorher fast einen Staat im Staat bildeten. Piñera erledigt das mit einer gewissen boshaften Lässigkeit, ruft den zuständigen Minister an und erteilt ihm diesen schwer verdaulichen Auftrag, ohne vorher das Parlament zu befragen. Noch ein Grund für große Unzufriedenheit des Volks: Weshalb gibt es von der Justiz, der Gerichtsbarkeit kein *mea culpa*? Wieso gibt sie nicht zu, dass sie mit der Diktatur unter einer Decke gesteckt und die Augen vor den Geschehnissen in diesem Land verschlossen hat? Piñera zwingt sie dazu, sich zu entschuldigen. Im letzten Monat ihrer Amtszeit entpuppt sich Piñeras Rechtsregierung als die beste Linksregierung, die Chile je hatte.

Ende 2013 gewinnt wieder Michelle Bachelet, die Sozialisten kehren an die Macht zurück, und die *alegría* können wir vergessen.

CP: Der Einzige, der in Lateinamerika aus der Reihe tanzt und sich gegen die Vorgaben stellt, ist Pepe Mujica, der bis März 2015 Präsident von Uruguay war.

LS: Mujica ist wirklich ein Mann von Format. Ich kenne ihn schon sehr lange. Als ich vor zirka acht Jahren einmal in Montevideo war, besuchte ich den Markt, auf den die ganze Stadt stolz ist. Ganz besonders auch der damalige Kultursekretär von Montevideo, mein guter Freund Mario Delgado Aparaín, der mit großem Einsatz für die Aufwertung dieser Gegend gekämpft hat. Er heißt *Mercado de la Abundancia* (Markt des Überflusses) und war der traditionelle Marktplatz der Stadt. Er wurde auf ungewöhnliche Weise wiederbelebt: Im unterirdischen Teil, der ursprünglich für Abfälle genutzt wurde, wird jetzt Kunsthandwerk aus Uruguay ausgestellt und verkauft. Oben auf dem eigentlichen Marktplatz stehen bewegliche Obst- und Gemüsestände, die von *parrillas,* großen Grills, flankiert werden. Zur Mittagszeit werden die Stände an die Seite geschoben, Tische in der Mitte aufgestellt, und der Markt wird zu einem riesigen Restaurant für die Bevölkerung. Nach dem Mittagessen werden die Verkaufsstände wieder in Betrieb genommen, und abends ist dann wieder Volksrestaurant.

Samstag- und sonntagabends, wenn die Stände weggeräumt sind, kommt das Orchester, und der Markt verwandelt sich in eine *tanguería*, einen riesigen Tangosaal, oder in einen Ort für Kultur, für Buchpräsentationen und Konferenzen …

Während ich also in Montevideo war, aßen Mario und ich mittags in diesem Volksrestaurant und ich bemerkte, dass mich von einem der großen *parrillas* aus ein Mann beobachtete.

»Der am Grill guckt mich die ganze Zeit an«, sagte ich zu Mario. »Irgendwie kommt er mir bekannt vor.«

Zwischenzeitlich war der Mann von der *parrilla* weggegangen, kam auf mich zu und umarmte mich: »Sepúlveda, wie geht's dir, erinnerst du dich noch an mich? Ich bin's, Pepe Mujica!«

Ich hatte ihn 1969 beim ersten Treffen der *Junta Coordinadora Revolucionaria del Cono Sur* in Argentinien kennengelernt.

CP: Und der stand am Grill? Da war er doch schon Regierungsmitglied.

LS: Genau, er saß im Parlament, aber er arbeitete auf dem Markt am Grill. Er nahm für seinen politischen Dienst kein Geld, arbeitete drei, vier Stunden an der *parrilla*, und dann ging er in den Senat. Auch jetzt spendet er fast sein gesamtes Gehalt für die Armen, er hat keine Rücklagen, ihm genügt ein Dach über dem Kopf und was er zum Essen braucht. An seinem ersten Tag als Präsident von Uruguay ist er mit seinem Auto, einem VW-Käfer aus den Siebzigerjahren, zum Regierungspalast gefahren. Seinen dreibeinigen Hund hatte er auch dabei. Als er das Auto vorm Regierungspalast abstellen will, steht sofort ein Polizist vor ihm: »Verschwinde, hier ist Parkverbot.«

Und Mujica: »Aber ich arbeite hier.«

»Na gut, ich gebe dir fünf Minuten«, bietet der Polizist freundlich an.

»Tut mir leid, aber ich fürchte, ich brauche ein bisschen länger.«

»Wie lange denn?«, fragt der Polizist.

»Na ja, die Amtszeit des Präsidenten dauert vier Jahre.«

CP: Dein Freund Pepe Mujica ist wirklich eine herausragende Persönlichkeit und ein lebender Beweis dafür, dass es den Menschen dieser Generation, Menschen wie dir, zu verdanken ist, wenn Lateinamerika heute ein Kontinent ist, der der Welt Hoffnung, Ideale, Zukunft und Lebensfreude vermittelt. Du und ich, wir sind im selben Jahr geboren, und manchmal denke ich, dass es unserer Generation gelungen ist, Politik und Poesie, Aktivismus und Literatur miteinander in Einklang zu bringen. Bei nur wenigen Autoren findet man diese Synthese in so ausgeprägter Form wie bei dir. Generell aber gilt, was ich meinen Studenten an der Universität immer sage: Wehe dem Land, das keine Dichter hat. Dichter sehen weiter als wir. Respekt gegenüber dem Dichter und der Poesie ist jedermanns Pflicht. Die Repräsentanten der Macht halten uns oft arrogant entgegen: »Ach ja, ihr mit euren Vorstellungen, ihr seid doch Utopisten, Träumer seid ihr, Poeten«, fast so, als würde das einen Mangel an Konkretheit bedeuten. Unsere Antwort darauf muss lauten, dass die Poesie die einzige Waffe ist, mit der man die Welt wirklich verändern kann. Wenn man uns beschuldigt, wir seien Utopisten, müssen wir entgegnen, dass in der Utopie sehr viel mehr Konkretheit liegt als im falschen Pragmatismus so vieler Wirtschaftssysteme, die sie uns als einzig gültiges Gesetz unterjubeln wollen. Mittlerweile sind politische Programme vor den Gesetzen des Marktes ohnehin keinen Schuss Pulver mehr wert. Wenn du die Marktlogik akzeptierst, kannst du das fortschrittlichste politische Programm der Welt machen – verwirklichen kannst du es sowieso nicht.

LS: Auch der ecuadorianische Präsident Rafael Correa hat sich gegen die Diktatur des Markts gestellt und hat einiges erreicht, um seinem Volk ein wenig Würde zurückzugeben. Zum Beispiel hat er durchgesetzt, dass ein großes US-amerikanisches Erdölunternehmen eine Entschädigung für die immensen Umweltschäden in Ecuador zahlen muss, und hat ein umfangreiches Umweltschutzprogramm im Amazonasgebiet gestartet. Trotzdem ist die Diktatur des Marktes so tyrannisch, dass die systematische Zerstörung des Regenwalds nicht in den Griff zu bekommen ist.

CP: Meinst du nicht auch, dass die Basis schon ein so großes und ausschlaggebendes Niveau an Verantwortung und Teilhabe hat, dass sie den politischen Wandel unterstützt? Unsere Slow-Food- und Terra-Madre-Gemeinschaften zum Beispiel sind schon Interpreten einer neuen Politik, aber um das System zu verändern, muss sie mehr Durchschlagskraft bekommen.

Das Problem kann nicht von den Regierungen allein gelöst werden, die Basis muss zum Wandel bereit sein und handeln. Phänomene wie Mujica – und da kann sein Charisma noch so groß sein – reichen nicht aus, um gegen die mächtigen Oligarchien anzukommen, die die gesamte Wirtschaft samt Zeitungen und Fernsehsendern in der Hand haben.

LS: Das stimmt, die Veränderung muss von unten kommen. In Patagonien zum Beispiel, einer Gegend, die ich sehr liebe, leben Menschen, die in vielen kleinen Initiativen versuchen, etwas zu verändern. Eine schöne Geschichte ist die von dem Mann, der Samen sammelt.

Wenn du dir auf Google Earth die Andenkette am 42. Breitengrad ansiehst und ein Bild vor 1990 nimmst, dann wirst du feststellen, dass zwischen den großen argentinischen und chilenischen Wäldern der Nationalparks große versteppte Gebiete liegen. Aber wenn du dir dasselbe Bild heute ansiehst, sind all diese Wälder durch Waldlinien miteinander verbunden. Diese Linien hat ein einziger Mann gezogen, einer allein, sein Name ist Lucas Chiappe.

Chiappe ist Lehrer, ein kleiner Mann, vielleicht 1,62 Meter groß, ein Linker. Während der Diktatur hat er Buenos Aires verlassen und ist nach Patagonien gezogen, eine Art Exil in der eigenen Heimat. Dort fiel ihm auf, dass sowohl die argentinische als auch die chilenische Regierung zusammen mit der Nationalparkbehörde eine völlig falsche Strategie zum Naturschutz beschlossen hatte. Die einzigen Menschen, die sich überhaupt um die Wälder kümmern konnten, hatten sie nämlich aus dem Gebiet vertrieben. Nur die Mapuche wussten, was zu tun war, und nur sie hatten das notwendige Wissen, um sich das Unterholz für die Naturmedizin, die ja ein großer Reichtum ist, im besten Sinne des Wortes nutzbar zu machen. Laut Regierungsbeschluss durften aber nur noch Tiere in den Parks leben. Die Menschen mussten alle raus. Für die sehr große Volksgruppe der Mapuche bedeutete das den wirtschaftlichen Ruin und ein schreckliches kulturelles Trauma.

Nachdem Lucas Chiappe sich mit dieser Geschichte beschäftigt hatte, begann er, im Wald Samen zu sammeln. Dann ging er damit zu den Mapuche und fragte: »Wie heißt dieser Samen?«

»Das ist der Samen der Soundso-Pflanze.«

»Und wenn ich diesen Samen in die Erde stecke, wächst dann ein Baum?«, fragte Chiappe.

Darauf der Mapuche: »So einfach ist es nicht. Erst musst du eine Schonung anlegen, wegen der natürlichen Auslese. Aus zehn Samen wachsen vielleicht vier Bäumchen, die kannst du dann einpflanzen.«

Dann sprach Lucas mit einem Lehrer und fragte ihn, ob er während des Naturkundeunterrichts nicht mit den Schülern zum Samensammeln in den Wald gehen könne. Die Samen könnten sie dann zu den Mapuche bringen, von ihnen lernen, wie sie heißen, wie man sie pflanzt, wie man sie kultiviert. Das haben sie dann gemacht. Nach einem Jahr hatten sie mit diesem Projekt dem Wald die ersten 1.200 bis 1.300 Bäume zurückgegeben, nicht im Nationalpark, das war ja nicht erlaubt, sondern direkt daneben. Jedes Kind brachte einem anderen bei, was es gelernt hatte, und immer so weiter, es wurden immer mehr. Die Mapuche interessierten sich auch für das Projekt und beteiligten sich. In zehn Jahren haben sie mehr als sechzehn Millionen Bäume gepflanzt, den grünen Streifen, den man jetzt auf den Bildern sieht. Und Wirtschaftskraft konnte so auch zurückgewonnen werden, nämlich die der Mapuche aus dem Wald.

CP: Das erinnert mich an die Geschichte von Jean Giono, auch ein Mann, der Bäume pflanzte und in den 1930er Jahren einen *Brief an die Bauern über Armut und Frieden* verfasste, der nichts von seiner Aktualität verloren hat. Und auf genau diese Realität, die zwar da ist, aber wie ein unterirdischer Fluss noch nicht an die Oberfläche gebrochen und deshalb noch nicht stark genug ist, die Politik zu verändern, bezieht sich auch der französische Philosoph Edgar Morin, der mit fast neunzig Jahren sagt: »Wenn ich jetzt, am Ende meines Lebens, die Abwesenheit der Politik betrachte, die katastrophale Zerstörung der Umwelt, das Diktat der Märkte und so weiter, dann könnte ich sagen: Na ja, es ist aus. Aber so ist es nicht, ich bin davon überzeugt, dass es in der Welt viele Menschen gibt, die in ihren Gemeinschaften die Dinge verändern. Alles muss neu beginnen, alles hat schon neu begonnen.«

Und so ist es tatsächlich, die Geschichte zeigt uns, dass alles schon neu begonnen hat. Und unsere Hoffnung ist, dass diese komplexe und facettenreiche Realität immer mehr zum Vorbild wird, dass man von ihr lernt, dass sie immer mehr Menschen dazu bewegt, immer mehr Projekte auf die Beine zu stellen, wie in deiner Geschichte. Aber der Schlüssel dazu ist das Recht auf Glück, das muss eingefordert werden, im Hier und Jetzt, ausgehend von den scheinbar kleinen Dingen, wie beispielsweise dem Saatgut, das allen gehören muss und nicht nur denen, die es patentieren lassen. Von den kleinen Dingen, die doch so groß sind.

LS: Das ist auch für mich eine ganz wichtige Sichtweise. Ich stand Salvador Allende sehr nah und muss immer wieder an den Tag denken, an dem Régis Debray, ein großer französischer Intellektueller, in den Regierungspalast kam. Er war in die Wirren der lateinamerikanischen Revolution geraten, hatte in Bolivien im Gefängnis gesessen, aus dem ihn ebenjener Allende befreit hatte. Und weil er jetzt Präsident Chiles geworden war, wollte Debray ihn für den *Nouvel Observateur* interviewen. Wie viele Franzosen war Debray ein ziemlich arroganter Intellektueller, der als Marxismustheoretiker von der Überlegenheit seiner Denkweise vollkommen überzeugt war. Allende hingegen war sehr intelligent, aber auf seine bescheidene Weise lag ihm nichts daran, seine Intelligenz zur Schau zu stellen. Ich gehörte zu seinen Leibwächtern und war am Tag des Interviews im Präsidentenpalast. Er forderte uns auf: »Bleibt in meiner Nähe, Jungs, und spitzt die Ohren. Hört euch an, was der Franzose mich fragt, und wenn ich was Falsches sage, gebt mir ein Zeichen.«

Dann begann das Gespräch, und Debray brachte einige Kritikpunkte gegen die Allende-Regierung vor. Es ging hauptsächlich um zwei Dinge: Die Zeitungen waren voll mit Schmähartikeln gegen die Regierung, und es sei vollkommen unverständlich, wie eine Linksregierung das zulassen könne. Allende entgegnete: »Darauf kann es nur eine Antwort geben. Wir haben größten Respekt vor der persönlichen Freiheit, und in diesem Land gibt es keine Zensur. Jeder hat die Freiheit, den Präsidenten zu beleidigen, und wenn er es zu weit damit treibt, muss er sich vor den Behörden dafür verantworten. Wir sind eine revolutionäre Regierung, bei uns herrscht vollkommene Freiheit zur Meinungsäußerung – sonst ist es ja keine Revolution, sondern eine Diktatur.« Debrays zweiter Kritikpunkt lautete: Der offizielle Ideologiediskurs Allendes enthalte zu wenige Zitate aus den großen Klassikern des Marxismus.

Und Allende sagte: »Mein lieber Debray, ich will dir mal was erklären. Die meisten Leute in diesem Land sind sehr jung. Bei uns wird Revolution mit wenig Lenin und einer Menge Lennon gemacht. Und jetzt würde ich dich gerne mal was fragen. Weißt du, wie hoch die durchschnittliche Lebenserwartung eines Franzosen heute ist?« Debray wusste es nicht. »Aber ich weiß es«, fuhr Allende fort. »Die durchschnittliche Lebenserwartung eines Franzosen beträgt 65 Jahre. Und weißt du, wie lange Deutsche und Schweden im Durchschnitt leben?«, fragte Allende. Debray wusste es nicht. »Aber ich weiß es. Deutsche und Schweden werden durchschnittlich fast siebzig Jahre alt. Vielleicht weißt du ja, wie alt die Chilenen im Durchschnitt werden?« Auch das wusste Debray nicht. »Aber ich weiß es«, sagte Allende. »Chilenen werden durchschnittlich 48 Jahre alt. Mein lieber Debray, wir machen diese Revolution nur, damit wir so lange leben wie die Franzosen oder die Deutschen oder die Schweden. Wir machen diese Revolution, damit wir leben und glücklich sind, nicht weil wir eine Diktatur daraus machen wollen.«

Bestimmt hat der Franzose kein Wort begriffen. Ich schon, ich kann mich noch genau an dieses Interview erinnern und dass ich damals dachte: wie recht er doch hat. Denn auch wenn man das Thema mit ideologischer Strenge betrachtet, kann es keinen »höheren Grund«, keine stärkere Motivation geben, als glücklich zu werden, das Glück zu erlangen.

CP: Und was das betrifft, war die offizielle Linke zugegebenermaßen ziemlich dürftig …

LS: Die stoische, spartanische, die masochistische Linke. Allende hatte aber viel und einen ganz besonderen Humor.

CP: In Ecuador habe ich vor zwei Jahren einmal selbst erlebt, wie Präsident Rafael Correa sich verausgabt. Jeden Samstag hielt er an einem anderen Ort eine Versammlung, reiste durchs Land, um den Leuten ihre Fragen persönlich beantworten zu können. Aber auch das hat nicht gereicht.

Um in Ecuador den Wandel von unten zu erreichen, muss man mit den Bauern sprechen. Für uns macht das Claudia García, eine sehr gute Mitarbeiterin, die sich mit der Unterstützung verschiedener Organisationen dafür einsetzt, die Produktions- und Konsumkultur von Lebensmitteln zu verbessern, indem die Bauern besser geschützt werden. Lebensmittel gehören zu den stärksten Instrumenten, um über viele andere Themen ins Gespräch zu kommen und um die Dinge konkret zu verändern. Man muss lediglich die gastronomische Dimension, die vorherrschende Vorstellung von Gastronomie, aus ihrem viel zu engen und unangemessenen verspielt-elitären, hedonistischen Korsett befreien.

Gastronomie ist etwas ganz anderes, eine komplexe, interdisziplinäre Wissenschaft. Brillat-Savarin schreibt 1825 in seiner *Physiologie des Geschmacks*: »Die Gastronomie ist die theoretisch begründete Kenntnis alles dessen, was auf den Menschen als nahrungnehmendes Wesen Bezug hat. [...] Der materielle Gegenstand der Gastronomie ist alles, was eßbar ist, ihr unmittelbarer Zweck die Erhaltung des Individuums, ihre Mittel aber sind der Ackerbau, welcher erzeugt, der Handel, welcher austauscht, die Industrie, welche zurüstet, und die Erfahrung, welche die Methoden erfindet, durch die alles mit dem größten Vortheil eingerichtet werden kann.«* Mit Lebensmitteln kann man alles machen: Politik, Wirtschaft, Soziologie. Darum ist es falsch, dabei lediglich an die Fressorgien all derer zu denken, die sich gutes und reichlich Essen leisten können. Den größten gastronomischen Reichtum haben beispielsweise Frauen geschaffen, die sich in schlechten Zeiten mit nur wenigen Zutaten Gerichte ausgedacht haben, die die Menschheit satt gemacht haben und dennoch so gut schmeckten, dass sie in die Geschichte und die Tradition der Völker eingegangen sind. Das sind keine Kreationen von Chefköchen; die kamen erst später und stehen auf einem anderen Blatt. Auch sie spielen in der Geschichte der Gastronomie eine Rolle, aber sie ist im Vergleich mit diesem unfassbaren kulturellen Erbe, das uns von diesen ganz einfachen Menschen, diesen schlichten Frauen geschenkt worden ist, so viel unbedeutender.

Große Gastronomie hat ihren Ursprung in den Bauernkaten, in der ländlichen Wirtschaft, wo es nichts gab und die doch außerordentliche Gerichte hervorgebracht hat. Das ist es, was man begreifen muss, wenn man die Macht verstehen will, die Gastronomie haben kann, sonst

* Projekt Gutenberg: Jean Anthelme Brillat-Savarin: Physiologie des Geschmacks. Kapitel 9, Reclam jun., deutsch von Robert Habs.

lassen wir uns alle von dem Medienspektakel einlullen, das überall im Fernsehen darum veranstaltet wird. Es ist unvollständig, häufig dumm, unerträglich geworden. Gastronomie ist etwas völlig anderes, eine erhabene Wissenschaft, die in ihrer ganzen Komplexität alle Gesellschaftsschichten betrifft.

LS: Dazu fällt mir ein Beispiel aus meiner Familie ein. Der Sohn meines Bruders hat im Süden Chiles eine kleine Bäckerei eröffnet, und ich bin sehr stolz auf ihn. Er hat eine Lehre als Sanitärtechniker gemacht, aber Brotbacken ist wichtiger.

CP: Bei mir klingelte eines Tages das Telefon, und der Herausgeber einer bekannten Tageszeitung war dran: »Ich habe ein Problem mit meinem Neffen, die ganze Familie macht sich Sorgen«, sagte er.

»Was für ein Problem denn?«

»Er hat Abitur gemacht, aber studieren will er nicht. Er will bei dir lernen, wie man Brot backt.«

Eine reine Akademikerfamilie, der Vater Arzt, der Onkel Publizist, und da will dieser Bursche Brot backen. Kannst dir ja vorstellen, was bei denen los war.

»Könntest du ein Auge auf ihn haben, dich ein bisschen kümmern, mich auf dem Laufenden halten?«

»Wird gemacht.«

Ich habe mir die Bewerbung durchgelesen, die der Junge für die Zulassung zu unserer Universität der gastronomischen Wissenschaft in Pollenzo geschrieben hatte, an der wir Seminare für »Hohe häusliche Küche«, für Bäcker, Bierbrauermeister, für Lebensmittelhandwerker anbieten. Sie war mit einer Klarheit formuliert, die man von einem Achtzehnjährigen nie erwarten würde. Als ich ihn dann persönlich kennengelernt habe, war ich völlig begeistert und habe seinen Onkel angerufen: »Macht euch um den Jungen keine Sorgen, der weiß genau, wo er hinwill.«

Es gibt viele junge Leute wie ihn, die sich neue Zugänge zum Leben überlegen, die die alten Paradigmen und Glaubenssätze aushebeln. Ich finde, das ist einer der schönsten Aspekte der Jugend von heute. Anders als noch vor zehn Jahren ist sie nüchtern genug, um die Komplexität des Lebens und der Arbeit besser einschätzen zu können.

LS: Ja, das Studium gilt schon lange als einziger zukunftsträchtiger Weg, weil man denkt, dass man es damit in der Arbeitswelt schneller zu etwas bringt. Immer dieser Kult um die Schnelligkeit. Während meiner Zeit in Hamburg machte einer meiner Söhne, der das Glück hatte, ein staatliches deutsches Gymnasium zu besuchen, gerade sein Abitur. Vor der Verabschiedung lud sein Tutor die Eltern zu einem Gespräch ein und hielt eine Rede, die wohl kaum einer verstanden hat. Das waren mehr oder weniger seine

Worte: »Sie gehören alle zur Mittelschicht, und sicher ist es Ihr Wunsch, dass Ihre Kinder an eine Universität gehen und studieren. Nun ja, die Deutschen werden immer älter, der Anteil der über 65-Jährigen wächst ständig. Ihre Kinder täten gut daran, eine klassische Berufsausbildung zu machen. Vielleicht nicht anstatt eines Universitätsstudiums, aber möglicherweise davor, denn damit könnten sie das traditionelle Wissen bewahren und etwas lernen, was dieser Gesellschaftsgruppe zugutekommt.«

Recht hatte er. Der Mythos um das Studieren ist kriminell. In den letzten zwanzig Jahren hat er dazu geführt, dass viele, viel zu viele Traditionsberufe verschwunden sind. Und vorausschauend war dieser Tutor auch, denn meiner Meinung nach werden in ganz Europa Dienstleistungen für ältere Menschen der einzige Arbeitsmarkt sein, auf den man überhaupt zählen kann. Aber damals konnten nur zwei von acht Elternpaaren, und wir gehörten dazu, mit seiner Ansprache etwas anfangen, die Übrigen waren entsetzt. Man dürfe keine Zeit verlieren, der Konkurrenzdruck sei viel zu hoch, man müsse sofort an die Uni. Da war sie wieder, die Schnelligkeit.

Mein Sohn hat sich dann entschlossen, in einem Thermalzentrum für ältere Menschen eine dreijährige Ausbildung zum Geprüften Meister für Bäderbetriebe zu machen, da hat er vom situationsgerechten Umgang mit den Badegästen im Schwimmbad bis zur Buchhaltung alles gelernt.

Nach Abschluss der Ausbildung hat er sechs Monate gearbeitet und sich dann für ein Studium der Filmwissenschaften entschieden. Wenn es mit dem Kino nicht klappt, meinte er, könne er ja immer noch in seinem Ausbildungsberuf arbeiten. Ich finde, er hat das richtig gemacht, und konnte damit die entsetzliche Überhöhung der Universität als einzig richtigen Weg entmystifizieren. In Spanien sind 56 Prozent der unter 35-Jährigen arbeitslos, und alle haben eine höhere Ausbildung. Es gibt eine Menge Kellner mit geisteswissenschaftlichen Abschlüssen.

CP: Genau aus diesem Grund bieten wir an der Universität für gastronomische Wissenschaft Seminare für Hohe häusliche Küche und die Berufe der traditionellen Weiterverarbeitung von Lebensmitteln, wie beispielsweise Bäcker, an: Es gibt heute so viele ziel- und hilflose Akademiker, die ihren Weg im Leben nicht finden, weil die Wirtschaftssysteme sie nicht akzeptieren, gleichzeitig aber von ihnen verlangen, sich ihren Vorgaben und Modellen zu unterwerfen. Wir müssen den alten Handwerksberufen die Würde, auch die akademische, zurückgeben, weil sie im Verschwinden begriffen sind und weil sie der Schlüssel dafür sein können, vielen jungen Menschen, insbesondere aber unser aller Zukunft, einen Sinn zurückzugeben. Auf diese Weise werden bessere, weisere Menschen ausgebildet, so können die Gemeinschaften wachsen, und es ist ja, wie im Falle deines

Neffen, nicht ausgeschlossen, dass aus diesen durch ihre praktischen Erfahrungen gestärkten Leuten eines Tages Philologen, Philosophen, scharfsinnige Intellektuelle werden. Und es werden die Besten sein. Zum Glück gibt es heute viele junge Menschen, die sich entschließen, etwas Praktisches zu machen; das ist doch fantastisch, und wenn man mich fragt, finde ich in einem anständig gebackenen Laib Brot viel mehr Weisheit als in vielen Worten, die nur warme Luft sind.

LS: Sich zusammen an den Tisch setzen, wie es auf der ganzen Welt gemacht wird, besonders bei ganz schlichten Menschen, und Brot, einfach nur Brot miteinander essen, das hat mich immer schon sehr berührt. Für mich hat das etwas Heiliges. Zehn Jahre lang habe ich in Hamburg als Korrespondent für den *Spiegel* gearbeitet, für den ich unter anderem in Angola, Mosambik, El Salvador war. Ich wohnte damals in der Nähe des Hafens, in St. Pauli, dem Stadtteil der Kriminellen und Prostituierten, und wie so oft, lebten dort auch die aufrichtigsten, authentischsten, die menschlichsten Menschen. Ich ging oft auf ein Gläschen und eine Runde Skat zu den Alten in die Kneipe. Ein Glas Bier oder Wein vor sich, traf sich dort immer dieselbe Runde zum Kartenspielen, Reden und Rauchen. Einer meiner Kumpels hieß Hans. Er ging auf die siebzig zu und besaß eine kleine Bäckerei. Ich ging sehr gerne morgens um fünf zu ihm in den Laden und sah ihm bei der Arbeit zu, mit wie viel Liebe er das Brot für das ganze Viertel backte. Er erklärte mir die verschiedenen Getreide- und Teigarten, die Zubereitungs- und Ruhezeiten, und dabei arbeitete er: zwanzig Milchbrötchen, dreißig Roggenbrötchen ... Um sechs gab es frisches, knuspriges Brot für alle. Die Leute nahmen es mit nach Hause, zur Arbeit, es war wie eine Einladung, den Tag mit einem Stück Liebe und Erfahrung zu beginnen.

Bis Hans eines Tages mitteilte, dass er, wie die meisten Bäcker, Rheuma habe. Das kommt von den ständigen Temperaturschwankungen, der Hitze, der Kälte, denen die Hände und Finger in Teig und Wasser unablässig ausgesetzt sind. Er war mittlerweile über siebzig und wollte in Rente gehen, aber keines seiner Kinder wollte diesen Knochenjob übernehmen, keiner wollte jeden Tag um vier auf den Beinen sein müssen, um Brot zu backen. Also hat Hans zu diesem sehr schönen und auch ein bisschen traurigen Fest eingeladen. Er hat zum letzten Mal Teig angesetzt und seine Brötchen gebacken. Auf diesem Fest gab es nur Brot und Wein, fast wie bei einem Abendmahl. Und er bot den Kumpels aus dem Viertel an, sich etwas von den Gerätschaften aus der Bäckerei mitzunehmen.

»Fünfzig Jahre lang habe ich dieses Handwerk ausgeübt«, sagte er, »und die Früchte meiner Arbeit sind auf vielen verschiedenen Tischen gelandet. Ich bin zufrieden. Ich würde mich freuen, wenn ihr euch als Andenken etwas mit nach Hause nehmen würdet.«

Alle haben etwas mitgenommen, einer die Waage, andere irgendein Werkzeug.

»Und du, Luis, was nimmst du mit?«, fragte er.

»Wenn es dir nichts ausmacht, dann hätte ich gerne den Tisch, auf dem du all die Jahre das Brot gemacht hast«, war meine Antwort.

»Klar, ich mache ihn sauber, und in ein paar Tagen bringe ich ihn dir nach Hause.«

»Nein, nein«, unterbrach ich ihn. »Ich will nicht, dass du ihn sauber machst, ich mag ihn, wie er ist. Mit den Spuren und dem Duft des Brots, dass du jeden Tag darauf geknetet hast.«

Heute – nach fünfundzwanzig Jahren – duftet dieser Tisch noch immer nach Brot, nach Sesam. Es ist mein Arbeitstisch geworden. Und es ist einfach, an einem Tisch zu schreiben, der den Zauber des wichtigsten Lebensmittels bewahrt hat. Den Zauber des Brotes.

Carmen, meine Frau, ist Dichterin, und ein Gedicht von ihr mag ich besonders gern. Darin beschreibt sie die Geschichte ihres Exils anhand der Brotsorten, die in den Ländern gebacken werden, in denen sie gelebt hat.

BROT

Kein Brot
gleicht dem andern.
Schwarzbrot mit sieben Saaten,
weißer Brotfladen, Brot mit Honig, mit Knoblauch,
Holzofenbrot.
Tunnbröd aus Norrland,
Brot aus klirrend kalten Gegenden,
Brot aus Feuer,
Brot aus Chiloé.
Brot der Extreme aus edlem Teig.

Dieses Brot habe ich gegessen.

Hände aus Liebe berühren zärtlich
die geschmeidige Masse.

Weizenbrot,
Kriegsbrot,
Heiliger Kanten harten Brots
im Mund des Hungers.
Dampfendes Roggenbrot
in weißes Baumwolltuch gewickelt.
Brot frisch und warm in der Morgendämmerung.
Brot Tribut der Erde.
Letzte Köstlichkeit.

Carmen Yáñez

SIEBEN IDEEN FÜR EINE BESSERE ZUKUNFT UND DIE GESCHICHTE EINER GLÜCKLICHEN INSEL

Von Luis Sepúlveda

Eine Idee von Glück

Bei all den Erfahrungen, die ich in meinem Leben als Schriftsteller, Journalist, Dramatiker und nicht zuletzt als Bürger gesammelt habe, kam mir immer wieder ein und derselbe Gedanke: Alles, was man für eine bessere Welt tut, hat einen Ausgangspunkt, und dieser Ausgangspunkt ist die Erlangung des Rechts auf ein erfülltes Leben. Auf ein – im wahrsten und umfassendsten Sinn des Wortes – *glückliches* Leben. Weil »Glück« so vieles bedeuten kann. Wenn wir beispielsweise erfahren, dass einem nahestehenden Menschen soziales Unrecht widerfährt, verletzt das unsere Vorstellung vom Glücklichsein. Und wenn wir uns dafür einsetzen, dieses Unrecht und damit die Probleme des anderen aus der Welt zu schaffen, werden wir genau von dieser Vorstellung motiviert.

Aber damit wir in den Genuss dieses augenscheinlich so simplen Gefühls kommen können, haben wir eine schwere Prüfung zu bestehen: Wir müssen unseren eigenen Lebensrhythmus finden. Nicht selten ist das ein harter Kampf, denn nur allzu bereitwillig glauben wir an den Mythos der rasenden Geschwindigkeit, der heutzutage mit schneller

Befriedigung gleichgesetzt wird. Wer schneller ist, kommt früher ans Ziel, das ist die allgemeine Devise auch für Befriedigung und Genuss. Diese Devise geht wiederum auf die Überzeugung zurück, dass wir in einer Welt leben, in der Schnelligkeit *für* die Menschen arbeitet. Aber so ist es nicht. Ende 2013 forderte beispielsweise auf den Philippinen ein schreckliches Unwetter über 10.000 Todesopfer. In einer Welt, in der Informationen unfassbar schnell zwischen den Institutionen und auf allen Ebenen zirkulieren, hat Schnelligkeit überhaupt nichts gebracht, es hat sie nicht einmal gegeben. Die Welt hat zwei geschlagene Wochen gebraucht, um eine erste Hilfsaktion für diese Menschen auf die Beine zu stellen, die alles, wirklich alles verloren hatten. Und das war nicht zum ersten Mal so.

Es wird behauptet, das Internet habe in den letzten fünfzehn Jahren die Informationsströme unglaublich beschleunigt und erweitert. Aber geht es da wirklich um Information? Oder nur um eine Menge Notizen? Oder sogar um Verzerrung von Informationen? Wir glauben, wir leben im Paradies der *Instant*-Information, weil jeder ein eigenes Handy hat. Und natürlich erleichtern Mobiltelefone das Leben. Aber sie machen es weder schneller noch besser. Erstens *sind es nur Gegenstände.* Und zweitens – und das ist nur einer von vielen weiteren Gründen – bestehen ihre Batterien hauptsächlich aus zwei Komponenten: aus Lithium und einer als Coltan bekannten Columbit-Tantal-Verbindung. In Ländern mit Vorkommen dieser Rohstoffe, beispielsweise in einigen afrikanischen Staaten, kam es seltsamerweise zuerst zu Versuchen, billig, eigentlich sogar spottbillig, an Coltan und Lithium heranzukommen, und unmittelbar danach erlebten diese Länder eine Destabilisierung ihrer politischen Systeme. Aber davon erfahren wir nichts. Unsere allzeit wachen Informationssysteme verschweigen die Zustände in den Herkunftsländern dieser Rohstoffe fast vollkommen, sie berichten nichts oder nur wenig über deren Gewinnung, die Handybatterien erst möglich macht. Und die Grundlage für ein Informationssystem ist, dass es uns theoretisch ein schnelleres und glücklicheres Leben ermöglichen soll. Ist das nicht ein Widerspruch in sich?

Es ist nur einer von vielen Widersprüchen, die mir Kopfzerbrechen bereiten und mich dazu bringen, das Recht auf unseren ureigenen, persönlichen Rhythmus einzufordern, insbesondere unser Recht auf Langsamkeit. Die Welt hat die Fähigkeit verloren, die wichtigsten und bedeutendsten Dinge zu erkennen, weil sie nicht innehält, um sie zu betrachten. Jewgenij Jewtuschenko, ein russischer Dichter, den ich sehr verehre, schrieb in seinem Gedicht »Der Fluch des Jahrhunderts ist die Eile« den folgenden Satz: »Halt an, wie ein Pferd in der Mühle, das den Abgrund vor den Hufen spürt.« Wenn man anhält, kann man zumindest nachdenken, kann sich fragen, ob der Weg in den Abgrund wirklich der klügste ist, ob es nicht besser wäre, einen anderen Weg einzuschlagen ... oder sogar umzukehren. Ich glaube, wir bräuchten heute die Fähigkeit, etwas zu tun, was sich einfacher anhört, als es ist. Wir müssten aufhören mit dem Gerenne und nachdenken: Halt, überleg dir, ob dieser rasante Lebensrhythmus irgendwohin führt; ob er wirklich in ein glückliches menschliches Schicksal führen kann.

Eine Idee von Literatur

Die Überlegung, welche Rolle Langsamkeit beim Glück-lichsein spielt, zieht sich wie ein roter Faden durch mein gesamtes Werk; in meiner Fabel *Der langsame Weg zum Glück. Ein Schneckenabenteuer* habe ich mich intensiv da-mit beschäftigt. Die Schnecke verkörpert die Vorstellung, dass man ein Problem nicht plötzlich, sondern nur Schritt für Schritt erkennen und lösen kann: Zu begreifen, wes-halb die Dinge sind, wie sie sind, und herauszufinden, was jeder Einzelne von uns tun kann, ist ein langwieriger und oft schmerzhafter Prozess. In dieser Fabel geht es um die Themen, die mich auch in meinen anderen Büchern be-schäftigen: Es geht um Verantwortung, Toleranz, Mut und darum, dass wir durch Erinnerungen die Gegenwart ver-stehen und eine Vision der Zukunft entwickeln können. Ich habe sie also auch für erwachsene Leser geschrieben, ausgedacht habe ich sie mir aber für den Teil der Mensch-heit, der nur wenige Jahre alt ist, für diejenigen, die sich der Realität werden stellen müssen, die wir ihnen hinterlassen.

Nach meinen ersten Annäherungen an das »Kinder-buch« habe ich angefangen, für genau diese Zielgruppe zu schreiben. Ich habe selbst sechs Kinder, und in der Zeit, in der ich begonnen habe, mich mit geeignetem Lesestoff für sie zu beschäftigen, lebten wir gerade in Deutschland. Ich kann mich noch gut daran erinnern, wie ich an einem Regentag in die Bibliothek gegangen bin, um die Pflichtlektüre für das kommende Halbjahr abzuholen, und mich auf ein Bier in die Kneipe setzte, um den nächsten Regenguss abzuwarten. Dabei blätterte ich ein wenig durch die Bücher, die meine Kinder lesen mussten. Mir fiel auf, dass sie nicht für Menschen geschrieben waren, die noch nicht so viel Erfahrung gesammelt hatten oder noch nicht so alt waren; es waren Bücher für kleine Idioten, vollkommen respektlos und in zutiefst negativer Ideologie verfasst. Sie vermittelten überhaupt keine Werte. Ich war besorgt und dachte mir: »So geht das nicht. Ich will etwas schreiben, damit ich mit diesen jungen Lesern, diesem Teil der Menschheit, der erst wenige Jahre alt ist, die für mich wichtigen Werte teilen kann.«

So kam es zu meiner ersten Fabel: *Wie Kater Zorbas der kleinen Möwe das Fliegen beibrachte.* Es ist zu einer Art Generationenbuch geworden, weil eine ganze Generation mit dieser Geschichte groß geworden ist. Eine Geschichte, die Werte vermitteln soll, etwa die uns allen gemeinsame Pflicht, diejenigen zu beschützen, die nicht dieselben Möglichkeiten haben wie wir, sich der Welt zu stellen, und deshalb die Schwächsten sind. Und noch ein ganz wichtiger

Wert kommt darin vor: der Respekt vor denjenigen, die anders sind als wir. Es geht darum, die Vielfalt des Lebens und der Welt als Glück wahrzunehmen und sich nicht davor zu fürchten. In diesem Buch ist es mir leichter gefallen, Tiere Probleme erleben und darüber berichten zu lassen. Die Reaktionen der Leser haben mich sehr berührt und mich in der Überzeugung bestätigt, dass meine Mühe nicht umsonst war. »Kater Zorbas« war mein erstes und schwierigstes Kinderbuch. Viele Jahre später habe ich mich in der zweiten Fabel *Wie der Kater und die Maus trotzdem Freunde wurden* mit dem großen Wert der Freundschaft beschäftigt. Andersartigkeit war auch hier ein wichtiger Punkt, aber noch wichtiger war mir, wie jemand mit einer Behinderung ein ganz normales Leben führen kann.

Dass in zwei meiner drei Fabeln Kater die Protagonisten sind, geht auch auf meine Zeit in Deutschland zurück und hängt mit einer Person und einer merkwürdigen Begebenheit zusammen, die man als esoterisch bezeichnen könnte.

Vor etlichen Jahren war in der Zeitungsredaktion, in der ich damals meine Brötchen verdiente, ein chinesischer Astrologe – oder vielmehr ein überwältigend sympathischer Chinese – zu Besuch. In makellosem Deutsch hatte er der Kollegin im Feuilleton ein Interview gegeben, und sie war so begeistert von ihm, dass sie ihn zum Mittagessen in die Kantine einlud, in der es übrigens schon damals köstliche Biogerichte gab. Der chinesische Sternendeuter war erstaunlich liebenswürdig und sprachbegabt, er wechselte ebenso fröhlich vom Deutschen ins Englische, vom Französischen ins Spanische und Italienische, wie er den Bismarckhering von der Tageskarte lobte. Nach kurzer Zeit hatte sich ein gutes Dutzend Journalisten um ihn geschart, darunter auch ich, und munter plaudernd, erzählte er uns einiges über chinesische Astrologie. Er benutzte dazu ein Blatt Papier, einen Kugelschreiber, einen Kompass, eine kleine Weltkarte in einem Notizbuch und ein paar Zahnstocher. Ob wir ihm glaubten oder nicht, war ihm völlig egal. Er wollte lediglich unsere genaue Geburtsstunde und unseren Geburtsort wissen und zog dann anhand dieser Angaben Koordinaten auf der Weltkarte, berechnete unser chinesisches Sternzeichen und erläuterte uns zwei, drei Aspekte unserer Persönlichkeit.

Als ich an die Reihe kam, war das Erste, was er sagte: Du kommst prima mit Katzen aus und Katzen noch viel besser mit dir. Und damit lag er richtig. Er bat um eine Landkarte von Chile, und irgendjemand flitzte ins Archiv und besorgte sie ihm. Wieder zeichnete er Koordinaten und holte – für uns alle überraschend – eine Sternenkarte aus blauer Seide aus der Hosentasche, auf die mit goldenem Faden die Planeten und Sternbilder gestickt waren.

»Ich bin kein Hellseher und auch kein Prophet«, sagte er schließlich. »Ich kann die Zukunft nicht vorhersagen, das kann niemand, ich kann nur ein paar interessante Einzelheiten herausfinden. Ob du an Wiedergeburt glaubst oder nicht: Ich sage dir, dass du in einem früheren Leben einmal ein Kater warst, und zwar ein glücklicher. Du warst nämlich die Lieblingskatze eines Mandarins.«

Die Vorstellung gefiel mir. Meine Kollegen bemerkten, dass ich mir ein Körbchen in die Redaktion stellen solle und einer lud mich zu sich nach Hause ein, um das Mäuseproblem zu lösen, das er seit einiger Zeit hatte. Ich dankte dem chinesischen Astrologen, und er gab mir drei Porzellankätzchen, jedes mit einer fischförmigen Öffnung auf der Rückseite.

»Leg ein Silberkettchen hinein, denn Katzen sind eitel, und sorg dafür, dass sie immer etwas zu fressen haben, aber nicht übertreiben. Ein satter Kater fängt keine Mäuse«, riet er mir.

Ich habe den chinesischen Sternenleser nie mehr wiedergesehen und hoffe, er ist wohlauf, lebt fröhlich und gesund. Die drei Katzenfiguren stehen seitdem auf meinem Schreibtisch und leisten mir Gesellschaft. Manchmal lege ich ihnen ein paar Leckerbissen meiner Hauskatzen in die fischförmigen Öffnungen. Dann warte ich, bis die Zeit, die Feuchtigkeit oder sonst etwas Unerklärliches die winzige Essensration zum Verschwinden bringt.

Vor Kurzem fiel mir auf, dass die Öffnungen leer waren, und ich fütterte die chinesischen Katzen mit drei Häpp-

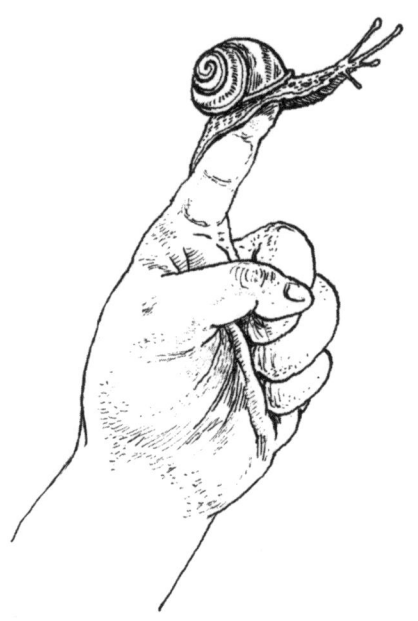

chen meines Katers *Compañero Estéban*. Über die Zahn-
rädchen des Zufalls wissen wir nichts.

Eine Stunde nach der Fütterung kam jedenfalls der
Postbote und brachte mir ein Päckchen mit Belegen der
63. Auflage der spanischen Ausgabe von »Kater Zorbas«.
So eitel wie der Kater eines Mandarins bin ich nicht, aber
dass die 63. Auflage eines 1996 erschienenen Titels ein gutes Zeichen ist, ist mir schon bewusst. Und dumm bin
ich auch nicht, deshalb weiß ich, dass es nur einen Grund
für den Erfolg dieses Buchs gibt: Ich habe es mit Liebe
geschrieben, mit sehr viel Liebe für die Werte, die meine
Leser mit mir teilen. Es ist mein subversivstes Buch, weil
Solidarität das zentrale Thema ist.

Auch in meiner dritten Fabel, dem »Schneckenabenteuer«, geht es um dieses Thema. Katzen kommen darin
keine vor, aber auch hier sind Tiere die Protagonisten. Der
Gedanke dazu kam mir in Spanien, als Daniel, einer meiner
Enkel, im Garten spielte und mir eine entsetzliche Frage
stellte.

Er ließ eine Schnecke über seine Hand kriechen und
sah ihr aufmerksam dabei zu. Jedes Mal, wenn Daniel so
ruhig ist, wird mir ein bisschen mulmig, weil ich weiß, dass
er eine seiner gefürchteten Fragen ausbrütet, die ich dann
beantworten muss. Er betrachtet also die Schnecke auf seiner Hand, und zack! – kommt die Frage: »Warum ist sie so
langsam, Opa?«

Nun braucht man einem Siebenjährigen nicht mit dem Fortbewegungsmechanismus von Gastropoden oder dem muskulären Aufbau des Kriechfußes zu kommen. Deshalb antwortete ich ihm Folgendes: »Das ist eine schwierige Frage, Daniel. Da brauche ich für die Antwort ein bisschen Zeit.«

Ich habe mich also damit beschäftigt, weshalb die Schnecke langsam ist, was sie in den verschiedenen Kulturen der Erde bedeutet, und immer ist sie das Symbol für Langsamkeit. Dabei habe ich entdeckt, dass sie auch für die notwendige Winterruhe steht, die wir alle, früher oder später im Leben, halten müssen, und für die Angst vor diesem Übergang.

Also habe ich mich entschlossen, meinem Enkel mit einer Geschichte zu antworten – und so ist meine dritte Fabel entstanden, die ich ganz besonders mag. Als Schriftsteller lernt man zwar bei jedem Schreibprozess wahnsinnig viel, aber in diesem Fall war es eine wahre *lectio magistralis*. Ich entdeckte beim Schreiben nämlich etwas sehr Überraschendes: die Langsamkeit. Es geht ja dabei nicht nur um eine langsame Art der Fortbewegung, sondern auch um die Möglichkeit, das individuelle Tempo zu finden, den persönlichen Entwicklungsrhythmus. Sie betrifft also nicht nur Tiere, die im wahrsten Sinne des Wortes langsam sind wie Schnecken oder Schildkröten, sie betrifft die Gesellschaft ganz allgemein.

Das große Ziel, dass ich mir als Schriftsteller gesteckt habe, ist das Teilen – weil Schreiben eine Form des Teilens ist. Ich will diese Sympathie für die Langsamkeit, das *Recht* auf Langsamkeit teilen, dieses grundlegende Recht zu sagen: Halt, ich brauche Zeit, ich entscheide, wie schnell und wohin ich mich bewege.

Eine Idee von Fortschritt

Wenn ich eine Gesellschaft nennen sollte, die man meiner Ansicht nach als »entschleunigt« bezeichnen kann, würde ich die eines Landes wählen, das mir heute sehr ans Herz gewachsen ist, und das ist Uruguay. Für die Länder dieser Region, aber auch anderswo war es sehr lange charakteristisch, dem Fortschrittsgedanken hinterherzurennen, fast könnte man sagen, dem *Mythos* des Fortschritts. Man musste ihn verfolgen und so schnell wie möglich erreichen, bloß keine Zeit verlieren. Aber die Menschen in Uruguay entschieden sich zu einer Denkpause: anhalten, sorgfältig überlegen, was zu tun ist, und erst dann grundlegende Entscheidungen treffen.

Während also die Nationen ringsumher dem Traum hinterhergerannt sind, ein Erste-Welt-Land zu werden – ohne wirklich zu wissen, was ein Erste-Welt-Land überhaupt sein soll –, haben die Uruguayer gesagt: »Unser Land soll ein Land ohne Armut werden. Unser einziges Ziel für die nächsten zehn Jahre ist, der Armut ein Ende zu setzen. Wir wollen allen Einwohnern unserer Nation ein würdiges Dasein garantieren. Das ist der erste Schritt, um in Zukunft allen ein erfülltes und damit auch glückliches Leben zu ermöglichen.« Eine Gesellschaft, die zu einer solchen Schlussfolgerung in der Lage ist, würde ich auch in einem psychologischen Sinn als gesund bezeichnen, als geistig gesund. Es ist ein außerordentlicher Beweis von Im-Gleichgewicht-Sein, den Schnelligkeitsmythos aufgeben zu können, also dieses rasende Streben nach Fortschritt, ohne zu hinterfragen, was er eigentlich impliziert.

Im gleichen Maß, wie ich die Wahl der Langsamkeit der uruguayischen Gesellschaft schätzte, wurde sie von den Ländern der Umgebung kritisiert. »Für Uruguay ist der Zug abgefahren«, war zu hören. Der Zug wohin? Keine Ahnung. Ein Zug ins Nirgendwo. Den haben sie vielleicht verpasst, die Uruguayer. Aber das hält sie nicht davon ab, in aller Ruhe die gerechteste Gesellschaft ganz Lateinamerikas zu errichten. Sie leisten einen unfassbar wichtigen Beitrag zur Schaffung einer Gesellschaftsform, deren Gesetzgebung alle gleich behandelt. Eine Gesellschaft, die zwar aus den verschiedensten Menschen besteht, aber einen Gerechtigkeitssinn hat, der diese Verschiedenheit ebenso verteidigt wie Gleichberechtigung garantiert. Ganz sicher fehlt das in anderen Ländern. Nicht nur in Schwellenländern.

Beispielsweise haben die Menschen in Uruguay beschlossen, dass der Beruf, der die größte Wertschätzung und eine anständige Entlohnung verdient hat, der des Lehrers ist. Es gibt einen Gesetzesentwurf, nach dem kein Parlamentsmitglied in Uruguay, kein Minister, nicht einmal der Präsident, mehr verdienen darf als ein Grundschullehrer. Die Anerkennung einer Berufsgruppe, die mit der wichtigen Aufgabe betreut ist, den kommenden Generationen Inhalte, Kultur und Tradition, also ein umfassendes Wissenssystem, zu übermitteln, ist ein grundlegender Schritt in die Normalität und in eine gerechte Wertehierarchie.

Ich habe viele große Männer kennengelernt, die – und das ist bestimmt kein Zufall – die Lehre zu ihrer Berufung und zu einem Weg gemacht haben, auf dem sie, selbst unter so schwierigen Bedingungen wie dem Exil, tiefes Glück und Selbstverwirklichung erreicht haben. Ich denke dabei besonders an einen kürzlich in Schweden verstorbenen chilenischen Freund, einen Lehrer im Exil, der über die kleinen Dinge staunen konnte.

Ich habe Professor Hernández, ein leidenschaftlicher Leser, vor vielen Jahren in Göteborg als neugierig, rebellisch und sehr großzügig kennengelernt. Dank seines Engagements haben viele Kinder von exilierten Lateinamerikanern, Kinder wie mein Carlos, in Schweden die Liebe zur Sprache ihrer Eltern entdeckt, dieser singenden, zum Heimweh neigenden Sprache, die sie nur zu Hause zu hören bekamen.

Als ich Professor Hernández in Gijón, der Stadt, in der ich lebe, wiedertraf, lud ich ihn noch am selben Abend auf ein *Asado* ein. Sein Spanisch hatte noch eine sehr lebendige Färbung aus dem tiefsten Süden der Welt, als er antwortete: »Gerne, auf ein *Asadito* und einen *Vinito*«, ein kleines Barbecue und ein Weinchen, denn der Süden der Welt ist so weitläufig, und wir sind so wenige, dass wir den Diminutiv brauchen, um den Entfernungen den Teufel auszutreiben.

Während das Fleisch auf dem Grill lag, berichtete mir der Professor, was er in Gijón alles Wundersames erlebt hatte. Er erzählte von der Zeremonie des Apfelweinausschanks, von der fast sakralen Tradition, mit dem er in einem *culín*, einem Kelch, von Hand zu Hand gereicht und getrunken wird; vom Nebel, der plötzlich vom Meer aufzieht, sich über die Stadt legt und sie mit einem vergänglichen Schleier zudeckt; von den Kormoranen, die ihre Federn mit ausgebreiteten Flügeln trocknen. Und dann waren da noch die Leute, denen der Professor beim Sprechen der Sprache zuhörte, mit deren Pflege er sich in skandinavischen Landen beschäftigte. Beim Essen achtete er darauf, nicht zu übertreiben: »Nur noch ein Schlückchen, ich muss aufpassen.« Und aus dem iberischen Schwein wurde ein »Ferkelchen«, die Rinderhüfte aus dem asturischen Tiefland zu einem »köstlichen, zarten Scheibchen Kuh«.

Pofessor Hernández sprach nicht von seiner Vergangenheit, aber ich weiß, dass er Sozialist war, ein Allende-Anhänger, der mit der *Movimiento de Izquierda Revolucionaria* (Bewegung der revolutionären Linken), der MIR, kooperiert hatte, als die dringende Notwendigkeit des Widerstands uns allen Differenzen zum Trotz geeint hatte. Und ich wusste auch, dass Professor Hernández das schlimmste Folterzentrum kennengelernt hatte: die Villa Grimaldi. Er hatte sie überlebt, war ins Exil gegangen und hatte sich ganz der Aufgabe gewidmet, die Ermordung zahlreicher Mitgefangener vor Gericht zu bringen. Er hatte aus dem Exil, aber auch in Chile, als Zeuge vor Richtern ausgesagt, die den Mut hatten, gegen das Verschwinden und die Ermordung von acht Genossen aus der MIR zu ermitteln. Mit demselben Zeigefinger voller Kreide, mit dem er sonst Verben und Konjugationen für seine Schüler an die Tafel schrieb, hatte er auf den Folterer und die Mörder gezeigt. Durch seine mutigen Zeugenaussagen, seinen Kampf für die Rehabilitierung der gefallenen Kameraden, war es Professor Hernández gelungen, zur Verhaftung diverser Krimineller beizutragen. Und in all der Zeit unterrichtete er ein Spanisch, das nach Kordillere duftete, nach endlosem Ozean, nach Araukarien-Wäldern, nach der chilenischen Glockenblume Copihue und nach dem würzigen Holz, das die Winter im tiefsten Süden der Welt wärmt. Er unterrichtete mit einer Leidenschaft, die Sprache und Leben miteinander verwob.

Deshalb ist Bildung so wichtig. Und es ist ein Bereich, in dem man, auf persönlicher und auf kollektiver Ebene, verstehen muss, was wir damit meinen, wenn wir hier Langsamkeit fordern. Der offizielle Machtdiskurs behauptet häufig, dass private Schulen schneller, effizienter sind als öffentliche. Ich glaube, das stimmt nicht. Private Schulen bieten im Vergleich zum öffentlichen, überkonfessionellen, pluralistischen Unterricht keine Garantie für schnelleres Lernen und schon gar nicht dafür, am richtigen Ziel anzukommen. Aber öffentliche Schulen können uns Persönlichkeiten wie Hernández und Tausende anderer Lehrkräfte bescheren, die die wichtigste Aufgabe unter sehr schwierigen, oftmals dramatischen Bedingungen ausüben.

Wenn es so etwas wie ehrenhafte Menschen gibt, dann sind es Lehrer wie er, Menschen, die trotz der Entfernung, trotz des verfluchten Exils, trotz der Gewissheit, alles verloren zu haben, trotz der Unmöglichkeit zur Heimkehr weitergemacht haben, Verben und Konjugationen, die Poesie der Wörter und die Ethik des Anstands zu lehren.

Eine Idee vom Teilen

Im Jahr 2009 wurde mein Roman *Der Schatten dessen, was wir waren* veröffentlicht. Er handelt von einer Generation von Menschen wie mir, die Ende der 1940er Jahre in Chile geboren wurden. Die Idee dazu kam mir in Santiago de Chile bei den Vorbereitungen für ein *Asado*, ein großes Barbecue. Aus einiger Entfernung sah ich einem Mann zu, der ganz allein das Feuer machte. Er war in unserem Alter und damals der erbittertste Gegner der Pinochet-Diktatur. Armee, Polizei, Geheimdienste, alle hatten Befehl, ihn zu töten, sobald er ihnen unter die Augen kam: sofort exekutieren. Denn dieser Herr mit Namen Martín Pascual war der Anführer der linksgerichteten Untergrundbewegung *Frente Patriótico Manuel Rodríguez*. Während der gesamten Diktatur hatte er mit Ausdauer und Entschlossenheit eine Guerillatruppe geleitet und keinen Tag Pause gemacht. Vierzehn Jahre lang gab es jeden Tag einen bewaffneten Einsatz der *Frente Manuel Rodríguez*. Sie hatte das Regime derart unter Druck gesetzt, dass es schließlich gezwungen war, mit anderen politischen Mächten in Gespräche zu treten und zu einer zivilen Einigung zu finden.

Jetzt war der ehemals meistgehasste Mann der Diktatur versunken in der Zeremonie, Feuer zu machen, es zu schüren, die Glut zu verteilen. Er war allein, weil jeder Chilene beim *Asado* eine ganz eigene, ritualisierte und geheime Art hat, das Feuer zu richten. Ich ging zu ihm hin und sagte respektvoll: »Keine Angst, ich will dir dein Geheimnis nicht abgucken, ich würde mich gerne mit dir unterhalten.« Und während wir miteinander sprachen, wechselten auf dem Rost die Fleischsorten. Zuerst das Hühnchen, nach einem Privatrezept zubereitet, ebenso persönlich und geheim wie das Feuermachen – delikat und knusprig. Dann die Lammkoteletts, ebenfalls sehr individuell eingelegt. Dann das Schweinefleisch, die Zutaten der Marinade kaum zu entschlüsseln. Und zum krönenden Abschluss das Rind.

Bei Tisch wurde diskutiert, weshalb wir diese Leidenschaft fürs Essen haben, mit allem, was dazugehört: die Zubereitung, das Zeremonielle, die Liebe, die darin steckt, das Fleisch ein-, zwei-, dreimal zu wenden. Und wir fragten uns, weshalb wir uns darin so sehr von den Argentiniern unterscheiden, die das Kulinarische freizügig teilen. In Argentinien versammeln sich bei einem *Asado* immer alle Freunde um den Grill, damit jeder etwas lernen kann. In Chile tun wir bei den Vorbereitungen immer so, als müssten wir Gott weiß was für ein Geheimnis hüten, darin steckt eine gewaltige Portion persönliche Eitelkeit, die für unsere Nation wirklich typisch ist. Mein Freund meinte,

es liege daran, dass Argentinier und Chilenen grundver-
schiedene Auffassungen von Leben und Gesellgkeit hätten: »Die europäische Herkunft ist bei den Argentiniern
viel deutlicher als bei uns Chilenen. Sie sind viel geselli-
ger«, sagte er.

Möglicherweise stimmt das. Sie teilen das Lernen, wir
teilen nur den Schmerz. Denn was tut ein Argentinier,
wenn ihn seine Frau oder seine Freundin verlässt? Er geht
zum Psychologen, macht zwei, drei Monate eine Therapie,
erzählt all seinen Freunden davon und wie gut ihm das
tut. Nach ein paar Monaten überzeugt ihn sein Therapeut,
dass seine Frau oder Freundin überhaupt keine Schuld hat,
sondern sein Vater der Ursprung allen Übels ist. Am Ende
ist immer der Vater schuld. Der Argentinier teilt diese Erkenntnis dann mit einer gewissen Niedergeschlagenheit
mit seinen Freunden und sagt: »Stellt euch bloß mal vor,
was mein Alter Herr mir angetan hat.«

Wenn ein Chilene von seiner Frau oder Freundin verlassen wird, geht er nicht zum Therapeuten. Er geht zu seinem
Metzger, kauft vier Kilo von einer Fleischsorte und vier
Kilo von einer anderen, mariniert das Ganze nach seinem
geheimen Privatrezept und lädt all seine Freunde ein. Dann
verkündet er: »Habt ihr schon gehört? Meine Freundin
hat Schluss gemacht.« Seine Freunde nehmen ihn auf die
Schippe: »Steh'n dir doch prima, die Hörner« und lachen
sich kaputt. Die ganze Nacht und den darauffolgenden

Tag wird gefeiert, es wird getrunken, gegessen und gelacht, und nach zwei Tagen lässt der Schmerz nach. Die hedonistische Zubereitung des Fleischs nach dem ureigenen und geheimen Rezept beansprucht volle Aufmerksamkeit und Zuwendung, die den Schmerz des Verletzten verwandelt. Die Fleischzubereitung wird zu einer Art Schmerzbalsam.

Das ist ein Beispiel dafür, und es ist nicht das Einzige, bei dem Essen Rettung bringt.

Eine Idee von Ernährung

Mein Großvater war gebürtiger Andalusier und hatte in Santiago de Chile ein Restaurant, das später einmal mein Vater erben sollte. Es hieß *Don Lucho*, das ist in Chile die Koseform für Luis, und das war auch der Name meines Vaters. »Im Restaurant Don Lucho isst man besser als zu Hause«, lautete das Motto des Lokals. Es war ziemlich groß, hatte vierzig Tische mit je vier Plätzen und war zu einem beliebten Treffpunkt für Journalisten geworden. Besonders abends, wenn sie dort nach Feierabend zum Essen einkehrten, ging es hoch her. Vielleicht war auch das ein Grund, weshalb ich als junger Mensch beschloss, einmal Journalist zu werden.

An meinem sechzehnten Geburtstag trat der Familienrat zusammen, um über meine Zukunft zu diskutieren. Dann teilten sie mir mit: »Du wirst die Familientradition fortführen und das Restaurant übernehmen. Wir haben beschlossen, dass du nächstes Jahr auf die Hotelfachschule gehen und Koch werden sollst.« Aber ich weigerte mich. Ich erklärte, dass ich andere Pläne hatte, Literatur studieren und in der Zeitungsbranche arbeiten wollte. Die Familientradition habe ich also nicht fortgeführt. Aber die Faszination für alles, was mit dem Kochen und der Geselligkeit beim Essen zu tun hat, ist mir geblieben, ebenso wie ein gewisser Ordnungsfanatismus in der Küche.

Mein Vater war nämlich eine Art Ordnungsfetischist: Jeden Abend, bevor er nach Hause ging, machte er einen Kontrollgang durch Küche und Lokal, um sicherzustellen, dass alles am rechten Platz war, bis ins letzte Detail. Auch die Rohstoffe wählte er mit derselben Sorgfalt aus: In aller Herrgottsfrühe brachen wir gemeinsam auf und kauften das beste Gemüse, den frischesten Fisch. Wenn er den Fisch aussuchte, war es fast, als würde er mit ihm sprechen, er öffnete ihm das Maul, betrachtete ihn von innen. Auch die anderen Zutaten wählte er mit Liebe aus und stellte sie mit Leidenschaft zu seinen Gerichten zusammen. Und mit dem leckeren Essen kam auch diese Passion auf den Teller. Wenn ich, umgeben von einem Duft, der kräftiger und köstlicher war als der der Blumen in den kleinen Vasen, den Brotkorb an die Tische der Gäste brachte, sah ich auf ihren Gesichtern, in ihrem Lächeln, wie glücklich sie waren, weil sie an dieser Arbeit teilhatten, an der auch ich mitwirken durfte. Es war wie eine Reise, die frühmorgens mit dem Weg zum Markt begann, durch die Hände der Arbeiter ging und über die Auswahl der Gerichte für die Tageskarte schließlich mit dem Abschmecken der Speisen durch meinen Vater endete. Und wenn er unzufrieden war, kam es vor, dass er den Kellner am Ende doch noch mit den Tellern zurückrief: »Halt, das geht nicht raus! Das müssen wir noch mal machen!«

Alle gaben ihr Bestes, und jeder Schritt erforderte ein Stück Handfertigkeit. Besonders vom Küchenpersonal, da war jeder ein Fachmann auf seinem Gebiet, egal, ob beim Gemüse oder beim Fleisch. Aber auch die Handfertigkeit der Bauern, denn sie brachten uns, je nach Jahreszeit, das frische Obst direkt von den Feldern. Oder die der Imker, die uns Honig aus Chiles tiefstem Süden brachten. Unter ihnen war eine Mapuche-Familie, die in ihren Honiggläsern den Duft der Wälder mitbrachte, all den Duft vom entferntesten Teil des amerikanischen Kontinents, der selbst für Chilenen weit weg war. Wenn die Indios ihre Gläser aufmachten, entströmte ihnen dieser Duft nach Abenteuer, er hüllte dich ein und weckte den Pioniergeist in dir, die Lust aufzubrechen und in dieser Ecke der Welt dein Glück zu versuchen.

Aus all diesen Gründen war mein Verhältnis zum Essen immer voller Leben und beschert mir immer wieder neue Emotionen, auch heute noch. »Wo kommt dieses Produkt, dieses Rezept her? Wie heißt es?«, das frage ich mich jedes Mal und bin überzeugt, dass das keine oberflächlichen, überflüssigen Fragen, sondern ganz wesentliche sind. Dabei fällt mir ein großer deutscher Dramaturg ein, in dessen Theaterstück während des berühmten Banketts von

Julius Cäsar und Kleopatra davon erzählt wird, wofür in Geschichtsbüchern kein Platz ist: wie der Koch hieß. Wer den Wein gemacht hat. Wer der Fischer war, der die Perle mitbrachte, die in Kleopatras Kelch gelegt wird. Eine ganze Reihe wichtiger Fragen, mit denen man eine viel buntere und unendlich viel lebendigere Version der Geschichte erzählen kann.

Andererseits geht es um die elementare, die körperliche Arbeit, die im Lebensmittelanbau steckt. Ohne sie würden die Zutaten nicht gedeihen, die wir für die Zubereitung der Gerichte benötigen, die vom ersten Tag an zu unserer Lebensgeschichte gehören. Erst durch sie wird die Kommunikation möglich, auf der unsere gesamte Sozialisierung fußt. Denn was ist wohl der wichtigste Moment der Völkervereinigung? Wenn ein Senat zusammentritt? Oder ein Kongress? Die Generalversammlung der Vereinten Nationen? Mitnichten: Der wichtigste Augenblick für die Menschheit wiederholt sich Tag für Tag, an zahllosen Orten, ganz im Privaten. Es ist der Augenblick, an dem sich die Familie, egal, ob groß oder klein, am Ende des Tages um den Tisch versammelt, um eine so schlichte Lebenserfahrung zu genießen wie ein mit Liebe zubereitetes Essen, das eine Geschichte hat. Sogar mehr als eine. In jedem Mahl – und sei es noch so bescheiden – stecken ganz viele Geschichten. Die Geschichte des Bauern, der die Kartoffel gepflanzt und geharkt hat, und die Geschichte der

Reise der Kartoffel von einem Land ins andere. Die des Winzers, der die Rebe anbaut und den Wein keltert, und dann vielleicht noch die des Weins, der von einem Kontinent zum nächsten reist.

Mir ist das Abendessen der liebste Augenblick des Tages. Hier setzt sich die Keimzelle dessen, was »Menschheit« genannt wird, miteinander an den Tisch und wird Teil der schlichten, bedeutsamen Erzählung, wie man den Tag verbracht hat. Der Sohn erzählt von der Schule, die Eltern von den Erlebnissen am Arbeitsplatz, und dann wenden sich alle der Zukunft zu, planen das gemeinsame Wochenende oder eine Reise, wenn die Ferien nah sind. Dieser Moment, diese elementare Zusammenkunft, ist der freudigste Ausdruck des Menschseins. Es spielt überhaupt keine Rolle, aus welchen Personen sich die kleine Gruppe der Familie zusammensetzt oder ob sie es aus einem offiziellen, religiösen oder irgendeinem anderen Anlass tut. Was wichtig ist, ist das Miteinander, das Zusammensitzen am Tisch, das Verweben der Erzählungen ihres Tages beim Essen. Und das ist nicht nur in der westlichen oder der modernen Welt so. In allen alten Kulturen war das gemeinsame Sitzen ums Feuer schon immer der kostbarste Moment. Ein Ritual, das in der zersplitterten Gesellschaft von heute verloren gegangen ist und unbedingt wiederhergestellt werden muss. Wir müssen wieder miteinander reden. Gemeinsam Entscheidungen treffen.

Ich hatte das Glück, im Lauf meines Lebens verschiedene Kulturen kennenlernen zu dürfen. 1978 habe ich während einer Reise durch Ecuador sieben Monate bei einer Gruppe von Indios, den Shuar, im Herzen des Amazonasgebiets gelebt. Ich verstand kein Wort ihrer Sprache, konnte mich aber mit einem von ihnen verständigen, der ein paar Brocken Spanisch und Portugiesisch konnte. Dass sie vieles gemeinsam machten, hat sich mir aber schnell erschlossen.

Je besser ich ihre Bräuche und Denkweisen verstand, desto mehr faszinierte mich die Teilnahme an der abendlichen Zusammenkunft, wenn sie sich ums Feuer versammelten, um voneinander zu erzählen. Ich verstand wirklich keine Silbe, aber es schien sehr unterhaltsam zu sein, die Kinder lachten ununterbrochen, alle beteiligten sich lebhaft und verknüpften in ihren Erzählungen über den lodernden Flammen Gedanken und Interpretationen ... Denn was man von seinem Tag erzählt, entspricht ja nie genau dem, was passiert ist. Die eigene Vorstellungskraft geht immer in die Erzählung ein und bereichert das einfache Teilen der Alltagsereignisse.

Und was ist das anderes als Literatur? Literatur entsteht ja, indem man die eigene Vorstellung in die Realität einbringt, durch sie wird sie gegenwärtiger, reicher, stimulierender und macht Literatur ebenso verführerisch wie das Leben selbst.

Als ich endlich genug von der Sprache der Shuar gelernt hatte und mich am Ende des Tages zu Wort melden konnte: »Ich will auch erzählen, wie mein Tag war«, war das einer der glücklichsten Momente meines Lebens, ich werde ihn nie vergessen. Die Shuar hörten mir aufmerksam zu. An diesem Abend fühlte ich mich vollkommen akzeptiert und in die Gruppe aufgenommen, aber vor allem wurde mir bewusst, dass wir, so verschieden wir auch waren, in einer Sache ganz und gar identisch waren: Wir hatten dieselbe Fähigkeit und dasselbe Bedürfnis, unser Leben zu erzählen und miteinander zu teilen.

Eine Idee von Natur

———

Wenn ich nach Chile reise, ist es mir in letzter Zeit zu einer lieben Gewohnheit geworden, mich mit Leuten zu unterhalten, die im kleinen Rahmen Lebensmittel produzieren. Beispielsweise hat ein Freund von mir in der Gegend um Osorno mit der Produktion von Biofleisch angefangen. Seine Rinder liefern wunderbares, gesundes Fleisch, aber von der Menge her kann er es natürlich nicht mit dem Wahnsinn der industriellen Massentierhaltung aufnehmen. Bei ihm hat jedes Rind einen Namen und eine eigene Persönlichkeit. Ich sehe den Tieren gern dabei zu, wie glücklich und frei sie auf der Weide stehen und sich ausschließlich von dem hervorragenden Gras der Region ernähren. Wenn der Tierarzt kommt, behandelt er sie mit Medikamenten auf natürlicher Basis. Und wenn der Moment gekommen ist, dieses Fleisch zu genießen, hat es natürlich einen hervorragenden Geschmack, eine unvergleichliche Konsistenz. Das ist meinem Freund zu verdanken, der seine ganze Kraft, sein ganzes Leben in die Produktion steckt.

Ähnliche Erfahrungen mache ich, wenn ich in Patagonien bin und mich ein *Gaucho* einlädt, das Einzige zu essen,

was man im tiefsten Patagonien isst, nämlich Lamm. Der Gaucho holt ein Lamm von der Weide, aber er bringt es nicht einfach um, er streichelt es, spricht mit ihm, fast als wolle er ihm sagen: »Tut mir leid, Bruder, aber du weißt ja, wie das ist, wenn man einen Gast hat ...«

Er redet auf das Tier ein, eine halbe Stunde lang oder länger, bis es vollkommen ruhig ist. Wenn ich das miterlebe, kann ich gar nicht umhin zu denken, dass das Lamm sich sagt: »Jetzt ist es so weit. Jetzt grillen sie mich, damit der Europäer da glücklich wird und all die anderen auch, die mit am Tisch sitzen.«

Irgendwann hört der Gaucho dann auf, das Lamm zu streicheln, greift zum Messer und tötet es, während er unaufhaltsam weiter mit ihm spricht. Er hat es zwar geschlachtet, aber auf eine humane Art und Weise, weil er eine Beziehung zu dem Tier aufgebaut hat.

Ich finde, Mensch und Natur sollten in wechselseitiger Abhängigkeit voneinander gesehen werden, wobei man nicht übersehen darf, dass die Natur sehr wohl ohne den Menschen auskommt, umgekehrt aber nicht. Das ist meiner Ansicht nach etwas sehr Wichtiges, das in unserer Gesellschaft verloren gegangen ist: die Anerkennung des Rechts auf ein Leben im Einklang mit der Natur. Leider sind wir meilenweit davon entfernt, dieses Problem zu lösen. Es ist noch ein weiter Weg, bis die Leute verstehen, dass man mit der Natur nur in Harmonie leben kann; und damit anfangen, sich gegen die irrationale Ausbeutung zu wehren, die heute ganz normal ist.

Nehmen wir als Beispiel das Amazonasgebiet, dessen Zerstörung in rasender Geschwindigkeit vorangetrieben wird. Jedes Jahr verschwindet eine Waldfläche von der Größe Siziliens. In Windeseile werden hier riesige Gebiete vernichtet, die nicht nur für die dortigen Bewohner von grundlegender Bedeutung sind, sondern für das ökologische Gleichgewicht des gesamten Planeten.

Warum kann das passieren? Weil die verdeckte Diktatur, die Diktatur des Marktes, unter deren Joch wir alle zu leiden haben, weder Ethik noch Moral kennt, sie folgt keinem Verhaltenskodex und muss keiner Institution Rechenschaft ablegen. Der Markt arbeitet selbstständig, er ist allgegenwärtig, allmächtig. Die große Verantwortliche für die verheerende wirtschaftliche Ausbeutung der natürlichen Ressourcen ist die Gier des Markts, die Übermacht dieser Form von Diktatur.

Ihren Ausdruck findet sie in den multinationalen Konzernen, die uns gentechnisch manipuliertes Saatgut aufzwingen, Pflanzen, die unter gröbster Missachtung der Natur in Reagenzgläsern gezüchtet wurden, Verfahren, die das Bodenleben beeinträchtigen, die Absorptionsfähigkeit des Ackers verändern und die Anbaukultur der Bauern des jeweiligen Landes vergewaltigen. Es sind Unternehmen, die zwar einen Namen haben, ein Logo, eine Marke, aber kein Gesicht. Niemand wüsste wirklich zu sagen, wie der geschäftsführende Direktor heißt oder die zehn wichtigsten Aufsichtsratsvorsitzenden, wo sie wohnen oder wie alt sie sind. In völliger Anonymität – und Straffreiheit – treiben sie die Zerstörung der Natur auf dem ganzen Planeten voran.

Man darf nicht schweigend mitansehen, wie die argentinische Pampa, die einmal das Weideland, die grüne Ebene war, in der sich die Tiere satt fraßen, die einmal das beste Fleisch der Welt lieferten, verstümmelt und zur Hälfte der Versteppung preisgegeben wird. Was ist geschehen? Ganz einfach: Ein multinationaler Konzern, der chinesische Wirtschaftsinteressen repräsentiert, ist an die Bauern herangetreten, an jeden Einzelnen:

»Wie viel Hektar hast du?«

Fünfzig, hundert, tausend Hektar, bekamen sie zur Antwort.

»Und was bedeutet das für deinen Umsatz?«

Die Besitzer wagten eine Schätzung ihrer Einkünfte und nannten eine Zahl: hunderttausend oder auch eine Million Dollar jährlich.

Und dann bekamen sie ein Angebot, das sehr viel höher lag, eineinhalb, zweimal so hoch wie ihr Jahresumsatz. Und die Bedingungen? Sie sollten die Rinderzucht aufgeben und auf den Flächen Gensoja anbauen, das im Lauf eines Jahres drei- bis viermal geerntet wird.

»Außerdem zahlen wir einen Vorschuss für die nächsten fünf Jahre«, schoben sie hinterher.

Wie viele konnten da schon Nein sagen? Wie viele haben es tatsächlich getan? Und wieso hat keiner etwas gegen diesen Frevel unternommen?

Ganz einfach: Die Diktatur des Marktes ermöglicht diese Art brutaler Einmischung. Der Markt hat beschlossen, dass Gensoja ein Produkt mit hohem landwirtschaftlichen Ertrag ist, und darf dabei übersehen, dass sich durch die intensive Flächennutzung die Hälfte der argentinischen Pampa – also immerhin ein Gebiet, das halb so groß ist wie die Iberische Halbinsel – in den kommenden zwanzig Jahren in eine Wüste im Herzen des südamerikanischen Kontinents verwandeln wird.

Es geht hier nicht nur um ein ökologisches, sondern um ein zutiefst politisches Problem. Wir sind alle gezwungen wegzuschauen, die katastrophalen Umweltzerstörungen zu ignorieren, wenn wir unsere Lebensweise beibehalten wollen. Und wir werden auf noch viel subtilere Weise manipuliert. Ein Vorwurf, der Organisationen wie Slow Food, die sich für eine langsamere landwirtschaftliche Produktion mit größerem Respekt für die Rhythmen der Natur einsetzen, oft gemacht wird, ist, dass gute Lebensmittel einer Elite vorbehalten seien, denjenigen, die es sich leisten können zu warten, langsam anzubauen, der Qualität den Vorzug zu geben. Ich teile diese Meinung nicht, ganz im Gegenteil. Ich glaube nicht, dass die von der Irrationalität des Marktes geschaffene Massenproduktion in der Nahrungsmittelindustrie dazu beiträgt, das Hungerproblem zu lösen. Sie wird uns als die einzige Möglichkeit präsentiert, die gesamte Weltbevölkerung zu ernähren, aber das ist eine Lüge. Es gibt mittlerweile so viele Gemeinschaften, die genau aus diesem Grund zu traditionellen Anbaumethoden zurückgekehrt sind: damit es langfristig genug für alle gibt, genug Nahrung, aber auch genug andere Ressourcen, die alle auf nachhaltige Art und Weise produziert werden. Sicher ist das ein langer Weg, aber mit der »Lösung« der globalen Lebensmittelindustrie ist ein Großteil der Weltbevölkerung vom Recht auf Nahrung schlichtweg ausgeschlossen.

Es ist wichtig, diese Dinge auszusprechen, denn wenn zwischen Mensch und Natur wieder ein gesundes Gleichgewicht hergestellt werden soll, muss das bürgerliche Bewusstsein aller Erdenbewohner geschärft werden, davon bin ich überzeugt. Damit wir ein Recht zurückgewinnen und behalten können, das Recht auf ein freundschaftliches Verhältnis zu unserer Umwelt.

Eine Idee von Politik

Ich bin mir meiner politischen Verantwortung als Schriftsteller bewusst. Ich war Greenpeace-Aktivist, habe bei Einsätzen dieser Organisation mein Leben aufs Spiel gesetzt und bin sehr stolz darauf, 1982 bei der Hafenblockade von Yokohama dabei gewesen zu sein, um das Auslaufen der japanischen Walfangflotte zu verhindern. Zwei Monate lagen wir in Schlauchbooten auf dem Wasser; wir hatten wenig zu essen und froren viel. Aber die Freiwilligen haben alle zusammengehalten, keiner hat gesagt: »Ich hau ab«, keiner hat gesagt: »Ich kann nicht mehr.« Und wir haben gewonnen. Bei einer anderen Aktion waren wir vier Monate lang auf See, um die Tötung der Wale zu verhindern, und auch da hat es geklappt. 1986 wurde dann ein Moratorium gegen das Abschlachten der riesigen Säugetiere wirksam. Alle, die an den Kämpfen teilgenommen hatten, bekamen von der Organisation als Geschenk einen silbernen Anhänger in der Form eines Wals, den ich als Glücksbringer immer bei mir trage. Damals habe ich gelernt, dass man gewinnen kann, wenn man wirklich von etwas überzeugt ist. Aber man muss auch sagen, dass die Politik immer bru-

taler reagiert. Und dass es immer schwieriger wird, »Nein«
zu sagen, was ja eine unserer ersten Bürgerpflichten ist.

Ich beobachte auch in den demokratischsten Ländern
diktatorische Tendenzen, die zwar subtiler, deswegen aber
nicht weniger gewalttätig sind. Ich finde, es gibt überall
noch starke Demokratiedefizite. Daher halte ich die Unterstützung der Demokratisierungsprozesse besonders in den
Ländern, die ich am besten kenne, also den lateinamerikanischen, für unerlässlich. Wir haben fast zwei Jahrzehnte
Diktatur erlebt, die einem grauenhaften Stillstand für den
gesamten Kontinent gleichkam.

Ende der 1990er Jahre sind wir langsam aus dieser ent-
setzlichen Phase aufgetaucht und haben begonnen, uns auf
unterschiedliche Weise in die richtige Richtung zu entwickeln. Aber es gibt noch eine Menge zu tun. Beispielsweise
müssen wir zusammenhalten, wenn es darum geht, die unterschiedlichen Produktivitätsniveaus auf dem amerikanischen Kontinent zu verteidigen. Die Entwicklungsländer
sind der Erbarmungslosigkeit des Markts, der gnadenlo-
sen Diktatur, die er etabliert, sobald sich ihm die Gelegenheit dazu bietet, viel stärker ausgeliefert als die anderen. Sie
schlägt überall dort zu, wo wir uns nicht aufmerksam und
aktiv um die Verteidigung der Rechte aller bemühen. Also
überall dort, wo wir die Vorstellung zulassen, dass Arbeit
kein Recht, sondern ein Privileg ist, das von den Mächtigen und dem Markt gewährt wird und das man gegen die

anderen verteidigen muss, anstatt sich miteinander zu solidarisieren.

Aus diesem Grund, wenn auch nicht allein aus diesem, werde ich nicht als Schriftsteller, sondern zu hundert Prozent als Bürger aktiv. Den Schriftsteller lasse ich zu Hause, gehe zum Demonstrieren auf die Straße, trete als Bürger vors Parlament, denn nur wenn ich meine Funktion als Bürger wahrnehme, fühle ich mich berechtigt, als Schriftsteller zu arbeiten.

Mein politisches Engagement, das ich schon immer als selbstverständlich empfunden habe, kommt von sehr weit her, und es ist kein Zufall, dass eine der glücklichsten Erinnerungen meiner Kindheit mit Politik und mit Essen zu tun hat. Ich kann mich noch gut daran erinnern, wie gerne ich meinen Vater bei seinem Wahlgang ins Schulgebäude in unserem Viertel begleitet habe, das von jungen, gelangweilten Militärs und von Freiwilligen der *Defensa Civil* bewacht wurde, damit sie in Notfällen, wenn sich jemand nicht wohlfühlte oder einen Kreislaufkollaps hatte, sofort einschreiten konnten.

Ich habe nie wirklich verstanden, was das sein sollte, so ein Kreislaufkollaps, manchmal sah ich jedoch einen Mann oder eine Frau auf einer Trage liegen, und die von der *Defensa* erklärten eifrig, dass es nichts Schlimmes sei: »Ist bloß ein Kreislaufkollaps.« Dann erwiderten die »Experten« für Erkrankungen an der Wahlurne: »Von wegen

Kreislaufkollaps. Der ist unpässlich, sieht doch ein Blinder.« Unpässlichkeit, noch so eine Krankheit, von der ich nie begriffen hatte, was das sein soll.

Damals war man verpflichtet zu wählen, jeder Chilene besaß einen Wahlausweis, und wer nicht wählen ging, bekam eine Geldstrafe für »Nichterfüllung der Bürgerpflichten«. Die Ersten, die kamen, waren die Stimmenauszähler, und wenn mal einer fehlte, wurde nach dem Zufallsprinzip ein Wähler ernannt, der in der Schlange darauf wartete, seinen Wahlzettel und den Bleistift entgegenzunehmen, um ihn in der Wahlkabine auszufüllen und danach mit rotem Lack und der Aufschrift REPUBLIK CHILE versiegelt in die Pappurne zu werfen.

Mittags erhielten die Vorsitzenden, der Sekretär und die Stimmenauszähler belegte Brötchen, meistens mit einer Art Mortadella und Avocado, die vom Vorsitzenden salbungsvoll angekündigt wurden: »Geehrter Sekretär, geehrte Stimmenauszählerinnen und Stimmenauszähler, wir werden nun in den Genuss von Annehmlichkeiten kommen, die uns durch Paragraf 197 des Wahlgesetzes ermöglicht und mit Mitteln aus der Staatskasse der Republik finanziert werden.« Dann wurde applaudiert, und nicht selten kam es vor, dass die Gattin sich zum Vorsitzenden hinunterbeugte und ihm »Fantastische Rede, Schatz« ins Ohr flüsterte.

Ich sah meinem Vater dabei zu, wie der den Stimmzettel, auf dem immer die Kommunistische Partei angekreuzt war, in die Urne warf, und wenn wir das Wahllokal verließen, las ich auf seinem Gesicht so etwas wie republikanischen, proletarischen Stolz, derselbe, den ich schon öfter bei ihm gesehen hatte, zum Beispiel wenn das Senatsmitglied Elías Lafertte, Kommunist und Arbeiter in einer Salpetermine, oder die Abgeordnete Mireya Baltra, Kommunistin und *suplementera*, wie bei uns in Chile Zeitungsverkäuferinnen genannt wurden, bei uns zu Mittag gegessen hatten.

Am Wahltag herrschte im ganzen Land Alkoholverbot, aber mein Vater und ich gingen schnurstracks ins »Haus zum Stein«, einer großen Lagerhalle, die nach unheimlich viel Landwirtschaft und krummen Geschäften aussah und daher bei allen unheimlich bekannt war. Dort wurde in großen Fässern, Tonkrügen und Korbflaschen Wein aus Molina, *chicha* aus Curacaví und Schnaps aus Chillán gelagert. Das Lokal hatte seinen Namen von einem Stein, mit dem man dreimal gegen das Tor klopfen musste, bevor man ihn respektvoll wieder in die Ecke legte, die allen als der »Platz für den Stein« bekannt war. Der Stein war von der häufigen Benutzung ganz glatt und glänzend geworden.

Im »Haus zum Stein« begrüßte mein Vater seine Freunde mit einem kräftigen Handschlag, und immer flüsterten sie sich »Dieses Mal klappt's« zu, was sie sofort mit ein paar Gläschen Wein und dem Anstellen von Hochrechnungen besiegelten. Ich trank immer Orange Crush, eine Limonade mit Fruchtfleisch in einer bernsteinfarbenen Flasche, die sich ganz rau anfühlte, und wartete darauf, dass die *Empanadas* fertig wurden.

Manchmal stellte ich mich in die Nähe des riesigen Lehmofens, saugte den köstlichen Duft des Holzfeuers ein und beobachtete den Dicken im Unterhemd, der die Teigtaschen mit einem großen Holzschieber herausholte. Mit einer Bürste fegte er den Aschestaub ab und murmelte: »Dauert noch einen Moment, Junge. Hast du schon eine Nummer?« Und ich zeigte ihm das Zettelchen mit einem blauen »Bezahlt«-Stempel, auf das jemand eine Zwei gekritzelt hatte. Das Lokal war zwar illegal, aber es war rigoros organisiert. Irgendwo machten sie diese Blöcke mit einer Perforation in der Mitte, mit der man die Zettel in zwei Teile reißen konnte. Ich gab meine Nummer ab, der Dicke steckte sie auf die »Kartei« – einen Holzklotz mit einem Metallspieß – und gab mir zwei duftende Teigtaschen.

Empanadas sind für mich immer mit demokratischen Festen und Traditionen verbunden, die dann am 11. September 1973 mit dem Putsch vernichtet wurden. Auf dem Nachhauseweg legte mir mein Vater die Hand auf die Schulter, und ich spürte die Wärme und die Hoffnung, die in ihrem Gewicht lagen.

Die Hoffnung, dass seine Stimme, sein Wahlzettel dazu beitragen würde, die Welt zu verändern.

Die Lachse der glücklichen Insel

Während ich auf das aufgewühlte Meer des Moraleda-Kanals vorm Chonos-Archipel am südlichsten Ende der Welt blicke, wird mir bewusst, dass wir nun seit zwei Monaten auf Reisen sind, mit nur einem einzigen Ziel: uns auf dem Wasser und über Land durch die Weiten Patagoniens treiben zu lassen, über den Kontinent, zwischen den Inseln hindurch und die Fjorde entlang; unterwegs, wie wir besser nicht unterwegs sein könnten, im Gepäck die Empfehlungen und Meinungen der Menschen aus dem Süden, die uns die Richtung weisen, uns raten, wohin wir fahren sollen, wo wir rasten und wann wir weiterreisen sollen.

Manchmal scheint grell die Sonne und wird vielfach glitzernd vom Rücken der Delfine zurückgeworfen, die ganz nah an unser Boot heranschwimmen, doch ein Windstoß genügt, um die tief hängenden Wolken Patagoniens heraufziehen zu lassen, die den Horizont mit einem grauen Schleier und der Aufforderung verdecken, besser in einer der kleinen Buchten Zuflucht zu suchen.

Und so war es vor zwei Tagen gekommen: Der Kapitän, der uns auf der Fahrt durch den Archipel mitgenommen

hatte, sah zum Himmel hinauf, murmelte, dass Nordwind aufkomme und es vernünftiger sei, an der Isla Humos anzulegen.

Wir waren noch nie auf dieser Insel gewesen, auf der zirka sechzig Menschen wie aus der Zeit gefallen in einem kleinen Dorf zusammenleben, das ein dichter Urwald vor der Kälte des Pazifiks schützt, mit Bäumen, so alt wie die Insel selbst und bestens als Brennholz geeignet, während auf den dem Wald abgetrotzten Lichtungen Schafe aufwachsen, aus deren dichtem Fell die Wolle gewonnen wird, mit der man die langen Winter des Südens am besten übersteht.

Es ist Februar, also Sommer, aber der Südsommer ist kurz und unberechenbar, und wie lange er dauert, scheint davon abzuhängen, ob die Trappen oder majestätischen Schwarzhalsschwäne früher oder später in die besser geschützten Gebiete weiter in Chiles Norden ziehen.

Beim Verrichten der althergebrachten Arbeiten schauen die Menschen von der Isla Humos in den Himmel: Sie trocknen *cholgas*, eine Miesmuschelart mit schmackhaftem orangefarbenen Fleisch, die so groß sind, das sie kaum in eine Hand passen; sie schnüren Bündel aus *cochayuyo*, einer Algenart, die aussieht wie Holz, aber wie das Meer schmeckt und fester Bestandteil des täglichen Speiseplans der Inselbewohner ist; sie kneten und backen *milcao*, ein köstliches Brot aus Kartoffeln, die auf der Insel angebaut werden; sie spinnen die Wolle der Schafe und stricken daraus Umhänge und andere warme Kleidungsstücke, die überhaupt nichts mit Folklore zu tun haben und nur den einen Zweck erfüllen, die Körper der Fischer und Meeresfrüchtesammler vor Kälte zu schützen. Abends treffen sie sich dann in der *pulpería*, einem Laden, in dem es nicht nur alles Mögliche zu kaufen gibt, sondern in dem die Menschen zusammenkommen, wo man miteinander Mate oder ein Glas Wein trinkt und auch mit dem Rest der Welt in Verbindung treten kann, weil es dort ein Funkgerät gibt.

Telefon oder Sendemasten für Handys hat es hier nie gegeben, und Nachrichten wie: »Wir haben hier eine schwierige Geburt, bitte schickt uns das Sanitätsboot« oder »Wal auf der Südseite der Insel gestrandet, Tier ist verletzt, brauchen dringend Hilfe« können nur per Funk übermittelt werden.

Während der Nordwind immer stärker bläst und die Wellen im Kanal immer höher schlagen, machen wir es uns in der *pulpería* gemütlich, der Wirt überlässt uns eines der zwei Gästezimmer, und nachdem wir unsere Siebensachen abgelegt haben, gehen wir nach unten, um die Inselbewohner kennenzulernen.

Die letzten vierzig Jahre haben an den drei chilenischen Archipelen Chiloé, Las Guaitecas und Los Chonos ihre Spuren hinterlassen, gute, aber auch schlechte. Schlechte, weil die übertriebene Ausbeutung des Meeres die Vielfalt der Tier- und Pflanzenwelt zerstört, zahlreiche Arten ausgerottet und damit eine Kultur verändert hat, die seit fast zweihundert Jahren in einer harmonischen Beziehung mit dem Meer lebte. Gute, weil sich die Inselbewohner trotz der Plünderung des Meeres eine Lebensweise des Widerstands bewahrt haben. Wer ständig um sein Leben kämpfen muss, kann vielem standhalten.

In der *pulpería* erwartet uns auf dem gedeckten Tisch ein dampfender Topf *cholgas*, dazu gibt es *milcao*, das Kartoffelbrot, das auf der Insel bei keiner Gelegenheit fehlt. Wir kosten, loben die gelungene Kombination von Gewürzen, und meine Begleiterin und ich erkundigen uns danach, woher die Dinge stammen, die wir gerade essen.

Die *cholgas*, erklärt man uns, sind von hier, denn es reicht immer noch, die Hand ins Wasser zu stecken, um eimerweise von diesen unvergleichlichen Muscheln herauszuholen. Auch die Kartoffeln im Eintopf sind von hier, aber der Kürbis stammt von einer Insel weiter nördlich, die Zwiebeln von einer Insel im Chiloé-Archipel, auch der Knoblauch, den bauen die *Huilliche* dort an. Der Mais kommt vom Festland, wo der Wind nicht so grausam ist und die Pflanzen wachsen können, Sellerie und Koriander werden mit großen Booten aus dem hohen Norden der Inselgruppe gebracht, und das *merkén*, das unvergleichliche Gewürz des Südens, kommt aus Araukanien, dem Land der *Mapuche*.

Von all dem essen wir. Der Muscheleintopf schmeckt nach dem Süden der Welt, er schmeckt nach Mühe und der Genugtuung zu wissen, welche Hände jede einzelne Zutat angebaut haben.

Bei einem Wein, der viel weiter aus dem Norden stammt, geht das Essen in das alte Tischritual des Plauderns über, und die Inselbewohner wollen erfahren, wie die Freunde sind, die aus so weiter Ferne kommen, was sie gesehen haben, was sie von Regen und Wind, dem Meer und den Sternen des Landes berichten, aus dem sie kommen.

Und sobald sie anfangen, von sich zu erzählen, entsteht bei Tisch etwas, was man als kleines Glück bezeichnen könnte oder als die Idee von einem kleinen Glück, das uns plötzlich sehr flüchtig erscheint.

Sie berichten von ihrer Sorge, ihrer Angst, weil die Lachsindustrie schon fast in Las Gauitecas angekommen ist, und sobald die Gewässer dieses Archipels erschöpft wären, zöge sie weiter nach Süden.

Vor drei Jahren hat mir die Frau eines Fischers, die mit weiteren zwanzig Frauen in den Hungerstreik getreten war, um gegen das Sterben des Meeres und ihrer Fischereigemeinschaft zu protestieren, in Quellón, dem südlichsten Zipfel der Insel Chiloé, erzählt, wie Lachse im wahrsten Sinn *produziert* werden.

Während der Pinochet-Diktatur errichteten multinationale Konzerne, deren Eigentümer und Aktionäre im Schutz der Anonymität leben, große Lachsfabriken im Süden Chiles. Es wurden spezielle Gesetze erlassen, die es ihnen erlaubten, sich in der Küstenregion anzusiedeln, ohne auf Auswirkungen für die Umwelt, die Gesellschaft, die Kultur oder die Produktionssysteme dort Rücksicht nehmen zu müssen. Die Fabriken entstanden durch die Korruption von Militärs und Zivilisten, die das Land regierten, sowie durch die Korruptionsmacht der multinationalen Nahrungsmittelkonzerne. Und unter allen Regierungen, die auf die Diktatur folgten, drehte sich die Korruptionsspirale munter weiter.

Um ein Kilo Lachs zu produzieren, braucht man acht Kilo Futter, und mit der Lizenz, alles, was sich irgendwie bewegte, aus dem Wasser zu holen und zu Fischfutter für die Lachse zu verarbeiten, bekamen sie all dies gratis. Wo die schwimmenden Plattformen installiert wurden, verschwand binnen kürzester Zeit das Fischereihandwerk, die Ernährungsgewohnheiten der Bevölkerung wurden empfindlich gestört und – das ist am schlimmsten – die Fischbestände dramatisch erschöpft.

Für die Produktion von einem Kilo Industrielachs braucht man neben den besagten acht Kilo Futter eine beträchtliche Menge an Antibiotika, damit die Lachse durch das gefürchtete ISA-Virus nicht an schwerer Anämie erkranken, man braucht Hormone für schnellstmögliches Wachstum, und künstliche Farbstoffe braucht man auch, damit die in Gefangenschaft gezüchteten Lachse dieselbe Farbe bekommen wie die natürlichen Fische, die Tausende von Seemeilen schwimmen, bevor sie im Netz landen. Und all diese Antibiotika, Hormone, Farbstoffe und anderen chemischen Produkte werden von den Lachsen wieder ausgeschieden, lagern sich am Meeresboden ab, töten Tiere und Pflanzen, alles organische und mikroorganische Leben. Kurz: Sie töten das Meer.

Chile gehört weltweit zu den wichtigsten Produzenten von Zuchtlachs, also Lachs, der nicht unter natürlichen Bedingungen aufwächst, und obwohl die verheerenden Auswirkungen der Zucht für Mensch und Umwelt hinreichend bekannt sind, wurden noch nie irgendwelche Maßnahmen dagegen ergriffen.

Wenn man sich fragt, ob Lachszucht reich macht, muss man mit einem klaren »Ja« antworten. Megareich sogar, den Besitzern der multinationalen Konzerne beschert sie fette Wachstumszahlen und Gewinne, sie steigert die Profite der korrupten Verwalter des Landes, die sich bestechen lassen, um etwas zu tun oder zu unterlassen, aber den Menschen, die in der Nähe der Lachsfarmen leben, bringt sie nichts als Armut, Geringschätzung ihrer Arbeitskultur und ihres sozialen Gefüges sowie die traurige Erkenntnis, dass sie von Korrupten regiert werden, die das Sterben des Meeres genüsslich zulassen. Der Reichtum aus dem Lachsexport hat keine einzige Schule, kein einziges städtisches Krankenhaus, keine Bibliothek und keine Straße gebaut.

Im Februar 2014 wurde auf einem chilenischen Fernsehsender ein Interview mit einem gewissen Herrn Fantuzzi ausgestrahlt, vielleicht ein Erbe des gleichnamigen Produzenten für Töpfe, Pfannen und andere Produkte aus Aluminium, die auf dem lateinamerikanischen Markt sehr angesehen sind. Dieser Herr Fantuzzi beklagte – möglicherweise angewidert von der Tatsache, dass er sein Geschick Finanzspekulationen anvertrauen muss – das Fehlen der Binnenproduktion, und recht hat er, denn Chile produziert nahezu nichts selbst, alles wird importiert, und was exportiert wird, wie Kupfer (aber als Rohstoff) oder Obst und Wein, wird gesammelt.

Auch wenn es brutal klingt: Die Diktatur und die halbdemokratischen Folgeregierungen haben dazu geführt, dass Chile in den tristen Zustand eines Landes von Sammlern zurückgefallen ist.

Herr Fantuzzi hielt eine Wäscheklammer in die Kamera und machte damit das traurige chilenische Paradox deutlich: Die natürlichen Wälder werden abgeholzt und ausgebeutet, das Holz wird exportiert, damit dann Wäscheklammern aus chilenischem Holz, zum Beispiel aus China, importiert werden können.

Die Nacht senkt sich auf die Isla Humos, der Wind wird stärker, man hört, wie er die kleineren Inseln umtost, aber im Schutz der *pulpería* gehen wir vom Wein zum Mate über und damit zu den Geschichten. Sie erzählen davon, was die unablässige Konfrontation mit extremen Verhältnissen, das grausame Klima und die schwierigen Lebensbedingungen aus den Menschen hier machen, von ihrem rechtmäßigen Stolz und dass sie allem zum Trotz niemals müde werden, diesen Kampf gewinnen zu wollen.

Die Mate-Kalebasse geht von Hand zu Hand, und die Geschichten aus den verschiedenen Mündern verweben sich miteinander. Irgendwann gehe ich nach draußen, weil ich den Wind spüren will, der mich ans Meer schiebt, und im Dunkeln sehe ich nur die Umrisse der *pulpería*, ihre Fenster, aus denen goldenes Licht scheint, und dann weht der aromatische Duft von Brennholz aus dem Kamin, aber auch die Stimmen wehen zu mir herüber, die Stimmen dieser Menschen, die dem tiefsten Süden der Welt die Stirn bieten, Menschen, zu denen auch ich gehöre und die, allem zum Trotz, in genau diesem Augenblick eine kleine Idee von Glück Wirklichkeit werden lassen.

SIEBEN IDEEN FÜR EINE BESSERE ZUKUNFT

Von Carlo Petrini

Eine Idee von Glück

Die längste Zeit meines Lebens ist es mir wirklich schwer-gefallen, und das nicht ohne eine gewisse Verlegenheit, die Frage zu beantworten, was Glück ist. Leicht fällt es wahr-scheinlich niemandem, obwohl Glück das ist, wonach wir alle suchen, wofür wir im Grunde genommen leben: wenn nicht für das ganz große Glück, dann doch zumindest für ein paar glückliche Momente.

Bei genauerem Hinsehen ist ein Zustand vollkommener Erfüllung und Selbstverwirklichung beziehungsweise voll-ständigen Wohlbefindens ohnehin nur schwer zu erreichen. Und fühlt man sich einmal wirklich rundum glücklich, ist es fast unmöglich, dieses Gefühl festzuhalten, geschwei-ge denn, es zu etwas Dauerndem zu machen. Es scheint paradox, aber vermutlich wäre das so anstrengend, dass es uns fast garantiert unglücklich machen würde. Vielleicht stellt man sich das Glück deshalb besser als etwas Vergäng-liches vor. Etwas, das kurz – oder auch etwas länger – auf-blitzt und dann leider wieder verglimmt.

Aber was bedeutet das? Können wir rückblickend sagen, wir hätten glücklich gelebt, wenn wir einige oder sogar etliche solcher Augenblicke reinsten Glücks erleben durften? Vielleicht geht das, vielleicht lassen sich die glücklichen Momente einfach zusammenrechnen. Aber es funktioniert trotzdem nur mit einer sehr persönlichen – fast möchte ich sagen: egoistischen – Sichtweise. Denn eines ist mir in meinem eigenartigen Beruf als Gastronom über die Jahre klar geworden: Glück ist ein Netzwerk. Unsere Beziehungen zu anderen und zu dem, was uns umgibt, sind darin verwoben; Glück besteht aus unserem Verhältnis zu den Menschen, zur Natur, zu den Dingen.

Eine Antwort von entwaffnender Einfachheit, die mir Ferran Adrià während eines Interviews gab, hat die Sache für mich auf den Punkt gebracht. Er ist ein Koch von so großer Bedeutung, dass man ihn problemlos als einen Intellektuellen bezeichnen kann. In seiner Branche gehört er mit Sicherheit zu den einflussreichsten Figuren der Jahrtausendwende. Bei ihm gehen Kunstfertigkeit, Forschung, Reflexion weit über die einzelnen Bestandteile eines Gerichts hinaus (wer nur seine Gerichte beurteilt, riskiert eine reduktionistische Sicht auf Adrià, nicht immer wohlwollende Gemeinplätze zu seiner Person gibt es ja genug). Für mich ist der Dialog mit Menschen, die mit der Gastronomie auf so hohem Niveau vertraut sind, immer sehr gewinnbringend.

Während der Recherche zu meinem Buch *Gut, sauber, fair* (Tre Torri Verlag, 2007) traf ich mich zu Gesprächen mit herausragenden Persönlichkeiten aus ganz verschiedenen Bereichen: mit Köchen wie Adrià, Intellektuellen wie Edgar Morin oder Aktivisten wie Vandana Shiva, Wissenschaftlern wie Luca Cavalli Sforza, Politikern wie Jack Lang oder Künstlern wie Pete Seeger. Wir diskutierten über Themen aus verschiedenen Bereichen der Wissenschaft und ihre Berührungspunkte mit der Gastronomie. Damals standen wir kurz vor der Gründung der weltweit ersten Universität für Gastronomische Wissenschaft in Pollenzo bei Cuneo, mit der wir eine Neudefinition der Gastronomie erreichen wollten, die ihre Komplexität und ihren Facettenreichtum zum Ausdruck bringt. Meine abschließende Frage bei diesen dialogischen Interviews lautete immer: »Was ist Gastronomie für dich?« Ferran Adrià, der sich nach einem Menü im *El Bulli* zum Plaudern zu mir an den Tisch setzte, antwortete darauf: »Gastronomie ist die Wissenschaft vom Glück.«

Stimmt genau! Wenn ich überlege, was Gastronomie für mich ist, komme ich zu dem Schluss, dass sie – genau wie das Glück – ein Geflecht von Beziehungen ist. Auch Ernährung ist ein Netzwerk. Hinter jeder Mahlzeit, jedem Lebensmittel stecken die Geschichten aller Menschen, die dazu beigetragen haben, dass sie jetzt auf meinem Teller liegen; Menschen, die sich möglicherweise begegnet sind, in wirtschaftlichen und kulturellen Austausch miteinander getreten sind, ihr Wissen, ihr Können und ihre Zeit zur

Verfügung gestellt haben. Auch die Beziehung der Menschen zur Umwelt steckt dahinter, das Verhältnis zur Natur und die Möglichkeiten, sie – mehr oder weniger verantwortungsvoll – zu nutzen. Es ist ein so dichtes und verzweigtes Netzwerk, dass einem fast schwindlig wird, wenn man darüber nachdenkt. Aber für die Gastronomie als Wissenschaft ist dieses Netzwerk trotzdem das beste Bild, weil es anschaulich macht, dass man sie nicht anders als interdisziplinär und offen für alle Einflüsse und Verbindungen auffassen kann.

Denn was ist gute gastronomische Wissenschaft – über die Lebensmittel und im Dienst der Lebensmittel – in der Praxis anderes als das Streben nach vollkommener Erfüllung, nach einträglichen und beiderseits gewinnbringenden Beziehungen zwischen den Menschen? Was, wenn nicht das Hervorbringen von Lebensmitteln, die nicht nur satt machen, sondern auch Kultur und Genuss transportieren, Natur in Kultur umwandeln und dabei beide gleichermaßen respektieren? Was ist sie also anderes als die Wissenschaft vom Glück, die zur Erforschung ihres Studienobjekts immer weiter in die Verästelungen dieses riesigen, den gesamten Erdball umspannenden Netzwerkes vordringt? Also, für mich hat Glück sehr viel mit gastronomischer Wissenschaft zu tun, für mich ist sie die Disziplin des Glücks. Dieses Glück ist verbunden mit einem reflektierten und guten Verhältnis zur Ernährung, im besten und umfänglichsten Sinn, der manchmal ebenso unergründlich ist wie die Natur der Beziehungen selbst. Ebenso unergründlich wie jenes Glück, das ich früher nicht zu definieren wusste und wovon ich heute weiß, dass man es erforschen kann, um das Quäntchen Genuss zu finden, das uns vergönnt ist.

Kurze Zeit nachdem ich das Interview mit Ferran Adrià geführt hatte, ist mir durch eine Begegnung ein weiteres Licht aufgegangen. Getúlio Pinto Krahô aus Tocantins im Cerrado, der Häuptling der Krahô, eines Volks von wenigen Tausend Indios, die in den Savannen Zentralbrasiliens auf ein Dutzend Dörfer verteilt leben, kam nach Neapel, um den Slow-Food-Preis für die Biodiversität entgegenzunehmen. Zwischen 2000 und 2003 haben wir diesen Preis jährlich zirka zehnmal an Personen verliehen, die sich in diesem so wichtigen Kampf für die Zukunft der Erde verdient gemacht haben. Aus dem Preis ist später Terra Madre entstanden, denn die Menschen, mit denen wir über diese Initiative in Kontakt kamen, hatten viel mehr verdient als nur eine Auszeichnung. Diese Bauern und Handwerker, ganz einfache Menschen, hatten jeder mit einem kleinen Beitrag zur Erhaltung der Artenvielfalt beigetragen. Und das erreichten sie allein durch das Kochen, den Anbau, die Viehzucht, die Fischerei, die Weitergabe ihres Wissens.

Die Krahô beispielsweise hatten eine alte Maissorte, auf der ihre Kosmogonie, viele ihrer Übergangsriten und ihre alltäglichen Gewohnheiten basieren, vor dem Aussterben bewahrt. Sie waren dazu eigens nach Brasilia gereist und hatten die Gendatenbank durchforstet. Die alte Sorte war auf Anraten von Agrartechnikern, die den patentierten hybriden Sorten der Multinationalen den Vorzug gaben, nicht mehr angebaut worden und so aus den Dörfern verschwunden. Nun hatten die Stammesältesten in den Kühlzellen der Genbank fünf Samenkörner der alten Maissorte ausfindig gemacht, die die Krahô dann geduldig auf den kleinen Parzellen in ihren Reservaten, in denen man ihnen alles andere weggenommen hatte, vermehrt haben.

Getúlio kam also nach Neapel ins Theater San Carlo, wo die Preisverleihung stattfand. Ich kann mir vorstellen, wie groß der Kulturschock für ihn gewesen sein muss (auch wenn es alles in allem ein positiver Schock war, wie uns die Erfahrung mit Terra Madre immer wieder zeigt). Es war November und furchtbar kalt für ihn, außerdem hatte er noch nie zuvor in einem Hotel übernachtet, und seine längste Reise war die nach Brasilia gewesen. Und jetzt, nach der Landung auf einem anderen Kontinent, stand er da auf der Bühne, auf der schon Caruso gestanden hat, um eine Auszeichnung für sein Volk entgegenzunehmen. Sichtlich bewegt, bat er, mit einem Stolz, wie ihn nur wirklich große Oberhäupter zum Ausdruck bringen können, anstatt der vorgesehenen Rede ein Lied der Krahô vortragen zu dürfen. »Es ist das Lied, das wir singen, wenn wir glücklich sind, und weil ich jetzt glücklich bin, möchte ich singen.« Sein Lied bestand aus vielen Kehllauten und Wörtern, die im Publikum niemand verstand, aber als ich mich zu den Zuschauern umdrehte, sah ich, dass sie genau wie ich mit den Tränen kämpften: Ein unbeschreiblich starkes Gefühl ergriff den Saal, das uns alle vereinte. Wir weinten Freudentränen, denn Getúlio Pinto Krahô, der da stand und sang, wo schon Caruso gesungen hat, hatte uns mit seiner Freude alle angesteckt. Dieser Freude, wie sie mit Lebensmitteln und ihren Menschen verbunden ist, dieser ursprünglichsten, der innigsten Freude von allen.

Eine Idee von Gastronomie

Bei den Vorbereitungen zu meinem neuen Buch *Cibo e libertà. Slow Food: storie di gastronomia per la liberazione* (Giunti-Slow Food Editore, Firenze-Bra 2013; *Essen und Freiheit. Slow Food: Gastronomische Geschichten für die Befreiung*) hat mich die Gastronomie insbesondere als ein Instrument der Befreiung beschäftigt: eine Gastronomie, die dem Individuum die Möglichkeit bietet, sich auf individueller oder kollektiver Ebene aus unterschiedlichen Stadien der Unzufriedenheit oder des Unglücks zu befreien. Darauf gekommen bin ich durch die lexikalische Analogie zur Theologie der Befreiung, und so sind viele Überlegungen zum Thema Freiheit in das Buch eingeflossen. Besonders in Lateinamerika bin ich auf ganze Gemeinschaften, Dörfer, Städte und sogar Nationen gestoßen, die sich gerade mithilfe der Gastronomie, durch ihre Ausübung und ihr Studium, aus derart armen Verhältnissen befreien, dass man sich dort noch bis vor wenigen Jahren schwerlich eine auch nur halbwegs würdevolle Zukunft vorstellen konnte.

Auf diesem von riesigen Widersprüchen zerrissenen Kontinent, auf dem Unterernährung und Hunger noch weit verbreitet sind, ist durch das Aufkommen erstklassiger Köche – mit einer Slow Food und Terra Madre verwandten Sensibilität für Artenvielfalt und regionale Landwirtschaft – eine einflussreiche Bewegung entstanden, die das Leben der Menschen ganz konkret verändert. Enrique Olvera in Mexiko, Gastón Acurio und Virgilio Martínez in Peru, Alex Atala und Roberta Sudbrack in Brasilien sind nur einige herausragende Namen eines täglich wachsenden Phänomens, dessen Auswirkungen weit über die eigenen Restaurants hinausgehen, die zudem teuer und nur für wenige zugänglich sind. Denn es geht ja nicht darum, wer es sich leisten kann, an den Tischen dieser nunmehr geadelten Starköche Platz zu nehmen: Revolutionär neu ist, dass diese Männer und Frauen ein dichtes Beziehungsnetzwerk geknüpft haben, ein unverbrüchliches Bündnis mit den Bauern, den Fischern und anderen Produzenten in ihren Ländern geschlossen haben; sie haben längst vergessene Traditionsprodukte wieder ans Licht geholt und in der Haute Cuisine eingesetzt; sie haben angefangen, die Produzenten fair zu bezahlen, viele davon sind kleine Familienbetriebe, haben sie auf Händen getragen und ihnen zu weltweitem Ansehen verholfen. Sie haben eine Lanze für die lokale, regionale oder nationale Tradition gebrochen und damit den Kontext für einen entspannten Umgang mit der Kochkunst und Raum für Kreativität und Unternehmersinn geschaffen. Der riesige Erfolg, den diese Köche heute in der ganzen Welt verbuchen können, strahlt auch auf ihre Lieferanten aus dem Amazonasgebiet, dem Atlantischen Regenwald, der Savanne Zentralbrasiliens oder der Andenregion ab und verhilft ihnen allen zu neuem Stolz und einem neuen wirtschaftlichen Status.

Aber am wichtigsten ist, dass sich die Bewegung auch auf einer viel tieferen und weiter verzweigten Ebene verbreitet. In den Favelas und den ärmsten Stadtgebieten beispielsweise gibt es immer mehr Kochschulen, Projekte für Urbanen Gartenbau und andere gesellschaftliche Initiativen rund um das Thema Ernährung. Natürlich ging der Wandel von den genannten Köchen aus, aber jetzt findet Ernährungserziehung nicht nur auf hohem Niveau, sondern auch für die breite Masse statt. Es entstehen Kochschulen für Kinder, kleinere Unternehmen rund ums Kochen, die Produktion, das Catering … Alles im Zeichen von Nachhaltigkeit, Qualität und sozialer Motivation und mit dem Ziel, Möglichkeiten zur Befreiung zu schaffen.

In den brasilianischen Favelas hat Regina Tchelly De Araujo Freitas ein Projekt auf die Beine gestellt, das mich besonders beeindruckt hat. Regina ist jung und denkt unternehmerisch. Mit der Initiative *Favela Orgânica* hat sie der gastronomischen Realität ihres Landes ihren Stempel aufgedrückt. Im Rahmen dieses Projekts sind in einigen Favelas, darunter Santa Marta, Babilonia und Complexo do Alemão (mit über 200.000 Einwohnern), die im Rahmen

eines Regierungsprojekts unter Präsident Lula »befriedet« worden waren, um der dort vorherrschenden Kriminalität und den katastrophalen Lebensbedingungen einen Riegel vorzuschieben, kleine ökologische Gärten entstanden. Neben der Produktion gesunder, lokaler und ökologischer Nahrungsmittel zum Nutzen der Gemeinschaft (die aufgefordert ist, sich darum zu kümmern) ist das Besondere an *Favela Orgânica*, dass die Produkte vollständig verwendet werden, also auch die Bestandteile, die normalerweise als Abfall betrachtet werden. Dadurch soll ein Umdenken über die Ernährungsgewohnheiten erreicht werden. Das Projekt setzt auf Einkaufs- und Konsumplanung und erreicht damit ein Nachdenken über die skandalöse Lebensmittelvergeudung, die selbst in den ärmsten Gesellschaftsgruppen tagtäglich gelebt wird, obwohl diese – so zumindest die kollektive Vorstellung – ja eigentlich immun dagegen sein müssten. Das nenne ich Gastronomie!

Regina kocht völlig anders als die Anführer der gastronomischen Renaissance in Brasilien; ihre Küche ist geprägt von ihrer eigenen Geschichte und Herkunft, von der Notwendigkeit, das Mittag- und Abendessen zusammenzulegen. Wenn Lebensmittel knapp sind, bleibt einem nur noch die Kreativität, und Reginas größtes Talent liegt darin, aus den bescheidensten Zutaten Gerichte zu zaubern, die unfassbar gut schmecken. Sie interpretiert den gastronomischen Befreiungsschlag auf ganz individuelle und persönliche Weise und in so hoher Qualität, dass ihr die Presse in Rio sehr viel Aufmerksamkeit schenkt.

Die Auseinandersetzung mit Gastronomie findet auf der ganzen Welt – und die gehobenen Gesellschaftsschichten des lateinamerikanischen Kontinents sind dagegen sicher nicht immun – in äußerst hedonistischer und beschränkter Sichtweise statt, die der Komplexität und Widersprüchlichkeit nicht gerecht werden kann, die das Nahrungsmittelsystem in jedem Winkel der Erde heute hervorruft. Regina ist ein Zeichen für den Wandel des Verständnisses von Gastronomie, ein lebender Beweis dafür, dass Gastronomie für die weniger Wohlhabenden kein Tabu mehr sein muss.

Die Zweiunddreißigjährige aus dem Nordosten Brasiliens, der ärmsten und am wenigsten entwickelten Region des Landes, kam mit knapp siebzehn Jahren nach Rio und tat dasselbe, was im vergangenen Jahrhundert unzählige italienische Bäuerinnen getan hatten: Sie zog in die Stadt, um als Dienstmädchen für wohlhabende Familien zu arbeiten. Zwölf Jahre lang verdingte sie sich in gutbürgerlichen Haushalten Rios, in denen sie das bei ihrer Mutter erworbene kostbare Wissen und ihre Kenntnisse ausbauen konnte, in erster Linie die Fähigkeit, verschwendungsfrei zu kochen.

2010 schrieb sie sich die Ökologie auf die Fahne und begann in Babilonia, der Favela, aus der sie stammt, mit der

Umsetzung der ersten Gärten; außerdem arbeitete sie auf den unterschiedlichen Bauernmärkten, die in den letzten Jahren in Rio entstanden sind. Auf verschiedenen innovativen Food Events präsentierte sie ihre Null-Abfall-Rezepte. Ihr Name wurde in der Stadt immer bekannter. Dann der nächste große Schritt: Mit der Unterstützung von Slow Food Brasilien bot sie in ihrer kleinen Wohnung erste Kochkurse für Kinder an, in denen sie lernen können, alle Bestandteile von Obst und Gemüse zu verwerten, auch die Schalen oder Samen und Kochwasser. Mit diesen Kursen erreicht sie zweierlei: Einerseits wird kaum etwas oder überhaupt kein Lebensmittel weggeworfen beziehungsweise verschwendet, und andererseits müssen die biologischen Erzeugnisse besonders »sauber« sein, sonst könnten sie für diese Art der Zubereitung überhaupt nicht verwendet werden.

In der Silvesternacht 2013 organisierte Regina eine Party mit Abendessen für die Obdachlosen aus Copacabana. Während in der ganzen Stadt die Feierlichkeiten tobten, war das Teilen von Kuchen und Musik ein weiterer Beweis für die Freude und die Leidenschaft, die sie an ihrer Arbeit hat, und ein Zeichen für ihr sonniges Wesen. Sie ist eine Frau, die in allerster Linie aus innerer Freude und Vergnügen handelt und die zudem die Gabe hat, einen Teil dieser Freude an andere weiterzugeben. Gastronomie und Glück, das ist es, was Regina verkörpert. Im Juni 2014 wurde

gegenüber der Kapelle von Santa Marta eine ihrer Kochschulen eröffnet. Seit Beginn dieses kulinarischen Aben-
teuers ist *Favela Orgânica* effizienter geworden und über
die Grenzen Rio de Janeiros hinaus gewachsen: Auch in
Pernambuco, Paraíba, Minas Gerais, Ceará und São Paulo
findet man das Projekt, das die brasilianische Presse mehr-
fach gefeiert hat. Das ist die Gastronomie, die ich meine:
eine Gastronomie, die sich zum Werkzeug der sozialen Befreiung macht und sich als Wissenschaft in den Dienst der
Bescheidensten stellt.

Wir erleben ja, dass Gastronomie schon viel zu lange
mit einer rein hedonistischen und elitären Vorstellung von
Ernährung verbunden ist, eine falsche Wahrnehmung, die
immer noch viel zu verbreitet ist. Ein anderer weitverbrei-
teter Fehler ist, dass die Kunst und die Wissenschaft der
Gastronomie allein auf leeres Spektakel reduziert werden,
wie es heutzutage im Fernsehen besonders bunte Blüten
treibt. So viele Rezepte, so viel Brimborium am Herd, aber
nur selten schenkt man den Produkten Beachtung, die
dabei verwendet werden, nur selten wird über Qualität
oder Artenvielfalt gesprochen. Noch viel seltener spricht
man über diejenigen, die die Produkte herstellen, über die
Anbaumethoden und die geografischen Zusammenhänge.
Die Gastronomie muss diese Aspekte aber zwangsläufig
betrachten, sonst ist sie unvollständig und kann Schaden
anrichten. Nicht nur die allgemeine Senkung des kultu-

rellen Niveaus, die gleichzeitig Konsequenz und Ursache eines Essensdiskurses ist, der sich ausschließlich um Techniken und Rezepte dreht, ist problematisch. Auch nicht die Stilisierung der großen Chefköche zu Mediengottheiten: Ich habe nichts gegen sie, sie sind ein hübscher Bestandteil der gastronomischen Welt, auch wenn sie ständig Gefahr laufen, sich, ohne es zu merken, instrumentalisieren zu lassen, und ihre Kunst und ihr Können herabwürdigen.

Das eigentliche Problem ist das fehlende Bewusstsein. Man kann die Auswirkungen der Nahrungsmittelproduktion auf die Umwelt, die urbanen und ruralen Gemeinschaften, auf unsere Gesundheit und noch tausend andere Aspekte unserer Existenz auf diesem Erdball nicht einfach ignorieren. Essen muss »gut, sauber und fair« sein: Es muss eine gute, sinnlich wahrnehmbare Qualität haben, nachhaltig und sozial gerecht für die Produzenten und diejenigen sein, die es sich in den Mund stecken. Ernährung muss wieder eine zentrale Bedeutung in unserem Leben bekommen, und allein die gastronomische Wissenschaft, in allen Kontexten – armen, reichen, auf jedem Breitengrad – kann zu einem leuchtenden Beispiel für unser Verhalten werden: zu unserem eigenen Wohl und zum Wohl unseres Planeten.

Aber noch einmal zurück zu Regina Tchelly und ihrer verschwendungsfreien Küche: Der 2012 vom IMechE (Institution of Mechanical Engineers) veröffentlichte Bericht *Global Food – Waste Not, Want Not* enthält zwar von geografischen Gegebenheiten abhängige, aber in jedem Fall erschütternde Zahlen: Zwischen 30 und 50 Prozent der weltweit produzierten Lebensmittel gelangen niemals in einen Bauch. Das entspricht einer Menge zwischen 1,2 und 2 Milliarden Tonnen. Man könnte meinen, das Problem der Vergeudung beträfe nur Industrieländer wie Großbritannien oder Deutschland, aber der freie Markt und das daraus resultierende Konsumdenken haben auch anderswo zugeschlagen, an Orten, wo man es nicht vermuten würde. In den Ländern Südostasiens gehen beispielsweise zwischen 38 bis hin zu schwindelerregenden 90 Prozent des angebauten Reises in der Produktionskette verloren, hauptsächlich während des Transports: Das macht jährlich 180 Millionen Tonnen Reis. Wegen der noch nicht ausreichend guten Infrastrukturen kommt es in manchen Jahren in China zu 45 Prozent, in Vietnam bis zu 80 Prozent dieser Art von »Schwund«. Auch Afrika hat große Probleme: Wenig effiziente Ernteverfahren, katastrophale Transportbedingungen, bruchstückhafte oder gar keine Kühlkette und nur rudimentäre Kenntnisse der Umsetzung der »modernen« Distribution verursachen die Verschwendung von Lebensmitteln auch dort, wo sie am dringendsten benötigt werden. Unfassbar, dass ein System, das konzipiert wurde, um die Artenvielfalt zu verringern, Produktivität zu steigern und durch extrem zentralisierte Betriebsstätten effizient zu arbeiten, in Wahrheit an allen Ecken und Enden »Essen verliert«. Davon, dass diese Verschwendung auch eine Verschwendung von Energie, fruchtbarer Erde und Wasser ist, ganz zu schweigen.

Die Ernährung wieder in die Mitte unseres Lebens zu holen oder, besser, unser Leben wieder in die Mitte einer systemischen und ganzheitlichen Auffassung von Ernährung zu stellen bedeutet auch, dass man diese Tatsachen kennt, sich bewusst wird, dass Verschwendung und Hunger zwei Seiten derselben Medaille sind; genau wie die Fettsucht, die zu einer weltweiten Pandemie zu werden droht, und die Unterernährung, die jetzt selbst in »entwickelten« Nationen wie Europa und oder den Vereinigten Staaten anzutreffen ist. Das weltweite Nahrungsmittelsystem funktioniert nicht mehr, und es braucht eine große Portion gastronomischer Wissenschaft, damit es mehr virtuose Musterbeispiele wie das von Regina Tchelly gibt – und jeder kann in seinem eigenen Haushalt damit anfangen.

Eine Idee von Fortschritt

Bei der letzten Slow-Food-Genussmesse *Salone Internazionale del Gusto (Markt des guten Geschmacks)*, die zeitgleich mit Terra Madre und dem Internationalen Slow-Food-Kongress stattfand, trug ich einen braun-beige gestreiften Schal. Sowohl bei der Eröffnung des Kongresses als auch bei der Begrüßungszeremonie habe ich den Abgeordneten der globalen Genussbewegung damit vor der Nase herumgewedelt, und auf YouTube gibt es ein Video, in dem man mich mit dem Schal tanzen sieht. Das war auf einer der Partys der jungen Leute des Slow Food Youth Networks, die sie täglich an ihrem Stand feierten, den sie im Bereich von Terra Madre, den Slow Food Presidii der internationalen Artenvielfalt mit Schwerpunkt auf Afrika, gepachtet hatten.

Nur zwei Schritte davon entfernt hatten wir im *Oval Lingotto*, der großen Ausstellungshalle auf dem Gelände der Turiner Messe, auf dem der *Salone Internazionale* und Terra Madre traditionsgemäß stattfinden, 400 Quadratmeter mit Erde bedeckt: unser großer afrikanischer Garten. Man konnte die Pflanzen anschauen, an Beeten mit merkwürdigen Bohnen und Auberginen vorbeispazieren, die man vorher in Italien noch nie zu Gesicht bekommen hatte, sowie afrikanisches Blattgemüse (in Afrika werden auch die Blätter von Kartoffeln, Kürbis, Amarant und Maniok gegessen, um beim Thema Verschwendung zu bleiben) und Heilpflanzen bestaunen. Es gab ein Saatbeet, in dem erläutert wurde, wie verschiedene Nutzpflanzen in Mischkultur angebaut werden können, damit sie eine Pflanzengesellschaft bilden, mit welchen Düngemethoden man chemischen Dünger vermeiden kann, welche kostengünstigen traditionellen (wie beispielsweise perforierte Tonkrüge) oder neueren Bewässerungssysteme (wie recycelte Plastikflaschen, die an einer Schur aufgehängt werden) es gibt. Die Einzäunung des Gartens bestand nicht aus Maschendraht und Zement, sondern aus allem, was sich normalerweise in der Umgebung eines afrikanischen Gartens findet: Zweigen, Palm- und Bambusblättern, Dornensträuchern. Eine perfekte Rekonstruktion in großem Maßstab: ein Schulgarten, mit dem man den Besuchern zeigen konnte, was in vielen afrikanischen Gemeinschaften auf vielen kleinen Grundstücken umgesetzt wird. International war der Garten auch, denn es wurden alle Kulturen aus den 25 Ländern angebaut, die an dem Projekt *1.000 Gärten in Afrika* teilnehmen. Dieses Projekt verkörpert die Vorstellung von Fortschritt, eine Hinwendung zu nachhaltigem und kollektivem Glück, wie sie Slow Food und Terra Madre auf diesem Kontinent vorantreiben wollen.

Das Symbol, der Dreh- und Angelpunkt dieser Vorstellung, ist der Garten. Aber er ist auch umgeben von einem dichten Netzwerk von Menschen, von Afrikanern, die an die Befreiung ihres Kontinents glauben, die überzeugt sind, dass Hunger und Unterernährung, die ihre Ländereien und Nationen heimsuchen, zu stoppen sind; und dass Afrika selbst die menschlichen und natürlichen Ressourcen hat, um wieder auf die Beine zu kommen und ein neues Konzept von Fortschritt zu schaffen. Auch Gärten sind gewissermaßen gastronomisch, denn für das Projekt *1.000 Gärten in Afrika* produziert jeder Garten, ganz gleich ob Familien-, Gemeinschafts- oder Schulgarten, Lebensmittel. Lebensmittel aus den lokalen Arten, die Samen werden frei getauscht und weitergegeben; Lebensmittel in so großen Mengen, dass sie mindestens ausreichen, um die Selbstversorgung derjenigen zu sichern, die sie anbauen, und der Familien, Gemeinschaften und Schulen, die an der Bewirtschaftung beteiligt sind; Lebensmittel, die ohne übermäßige Kosten auf schlichte und nachhaltige Weise angebaut werden und durch die die Leute wieder an die Landwirtschaft herangeführt werden, eine Tätigkeit, die durch falsche Entwicklungsmodelle in den Augen der Afrikaner selbst zu unwürdiger Arbeit herabgestuft wurde. Sie galt als niedere Arbeit beziehungsweise Arbeit für niedere Menschen, von der man sich befreien müsse, die man besser mied. In den Schulen wird den Kindern gedroht, man würde sie in die Landwirtschaft stecken, wenn sie sich nicht benehmen, sie müssen zur Strafe Äcker umgraben. Aber jetzt ändert sich etwas.

Haben wir etwa meinen braun-beigen Schal vergessen? Hier ist seine Geschichte: Während einer Reise durch Kenia und Uganda besuchte ich 2012 die Grundschule in Michinda, das auf den Hügeln von Elburgon in der Nähe der Hauptstadt Nakuru liegt. Dank der Initiative des seit 2004 amtierenden kenianischen Terra-Madre-Delegierten Samuel Muhunyu, der mittlerweile zum Herz der Bewegung geworden ist, gibt es dort seit 2005 einen der ersten von Slow Food finanzierten Schulgärten. Er ist auf nationaler Ebene als bester Schulgarten ausgezeichnet worden und wird von 50 der 400 Schüler in freiwilliger Arbeit bewirtschaftet. Sie haben es sogar geschafft, die Skepsis ihrer Eltern zu besiegen, die den Kindern wegen der bestehenden Vorurteile gegen die »gesellschaftliche Minderwertigkeit« der Landarbeit und den damit verbundenen möglichen Imageschäden für die Zukunftsaussichten ihrer Sprösslinge die Teilnahme am Projekt nicht erlauben wollten.

Nun, er wurde zu einem spektakulären Erfolg, und jetzt sind auch die größten Skeptiker stolz, am Projekt teilzunehmen, und treiben es in Kenia weiter voran. Sie konnten viele weitere Schulen überzeugen, ein eigenes Gartenprojekt umzusetzen. Bei meinem Besuch in Michinda wurde ein großes Fest veranstaltet, es gab ein paar Vorträge, von

Schülern und ihren Eltern hergestellte Handwerksgegenstände wurden ausgestellt, und die einzelnen Volksgruppen tanzten begeistert ihre traditionellen Tänze. Wir beschenkten einander reichlich. Zwei Massai-Jungs, die die Schule besuchten, führten zu Ehren der kleinen Slow-Food-Delegation, die mich begleitete, ihren Stammestanz auf und überreichten mir den Schal als Geschenk. Ich versprach ihnen, dass ich ihn bei Terra Madre und beim Internationalen Slow-Food-Kongress tragen würde, dass er das Symbol unserer zukünftigen Afrikapolitik werden würde, ausgehend von Gärten wie ihrem, einem Musterbeispiel für alle.

Ich bewahre den Schal zu Hause mit meinen anderen Reiseandenken auf, und er gehört zu meinen liebsten. Bei der nächsten passenden Gelegenheit, von denen es schon viele gab und noch geben wird, werde ich ihn wohl wieder tragen. Am 17. Februar 2014 haben wir im Mailänder Teatro San Fedele dem Direktor der FAO (Ernährungs- und Landwirtschaftsorganisation der Vereinten Nationen), José Graziano da Silva, unsere neue Afrikastrategie präsentiert, die man zusammenfassend als Fortsetzung des Gartenprojekts bezeichnen könnte. Tausend Gärten haben wir schon realisiert, in den kommenden drei Jahren wollen wir weitere zehntausend umsetzen. Wir haben die Erfahrung gemacht, dass diese kleinen Projekte (keines davon kostet über 900 Euro) das Leben der gesamten Gemeinschaft wirklich verändern. In einigen Gebieten konnte damit der

Unterernährung ganz konkret entgegengewirkt werden. Es wurde gastronomische und landwirtschaftliche Erziehung geleistet: Die Beteiligten haben viel über lokale Pflanzenarten, biologischen Anbau und auch über die Möglichkeiten der Zubereitung gelernt. Es wurden Hefte mit traditionellen Rezepten gedruckt, aber es gab auch Köchinnen und Köche, die begeistert mit Kindern und Frauen gearbeitet haben und diesen ihren eigenen Auffassungen und Fähigkeiten entsprechend vermitteln konnten, wie man aus dem wenigen zur Verfügung Stehenden das Beste machen kann.

Wenn ich sage, dass *wir die Gärten machen*, bedeutet das natürlich, dass die Afrikaner sie machen, und das ist die schönste Nachricht überhaupt, denn nur so kann eine Generation von lokalen Leitfiguren mit einer völlig neuen Sensibilität, mit Entschlossenheit und internationalen Beziehungen entstehen, mit deren Hilfe sie ihre Gemeinschaften in eine bessere Zukunft führen können. Das alles geschieht mithilfe der Gastronomie und nicht mit der irrigen Vorstellung, dass kostbare Ressourcen investiert werden müssen, um damit Personal von außerhalb zu bezahlen, das etwas erreichen soll.

Nein, der Wandel wird direkt vor Ort von der Bevölkerung selbst vollzogen. Es werden keine Arbeiter für die Unterstützung eines Landwirtschaftsmodells eingesetzt, das keinerlei Respekt für die Gemeinschaften hat und lediglich dazu da ist, die Industriemacht in den Händen weniger zu konzentrieren; ein Modell, das die Menschen auf der Suche nach Bequemlichkeiten, die meist nichts anderes sind als reine Wunschvorstellungen, vom Land in die Städte treibt. Für diese Art von »Fortschritt« braucht man Geld, und in der Regel wird dabei mehr verschleudert als investiert. Meistens endet er in nahrungsbedingtem Verbrechen, Prostitution, Verzweiflung: ein »Fortschritt«, der Hunger hervorbringt.

Bei der Präsentation des Projekts *10.000 Obst- und Gemüsegärten für Afrika* in Mailand saßen Persönlichkeiten aus der Geschäftswelt, Politik, den Medien, dem Showbusiness, den Universitäten sowie ganz normale Bürger im Publikum, die alle diese Initiative »ins Herz geschlossen hatten«. Ihnen war wichtig, *wer* das Projekt präsentierte, ihnen ging es um die Protagonisten der Mission, um die jungen Leitfiguren, die auf dem Land arbeiten, aus dem Netzwerk von Terra Madre hervorgegangen sind und von der FAO, die diesen neuen »gastronomischen« Ansatz zur Entwicklung Afrikas mit großem Interesse und großer Anteilnahme beobachtet, ausgezeichnet wurden. Sie werden die neue afrikanische Führungsschicht bilden, intelligente, gut ausgebildete Leute, charismatische Persönlichkeiten mit Überzeugungskraft. Sie identifizieren sich mit dem neuen Modell, weil sie festgestellt haben, dass es das Leben der Menschen tatsächlich verändert – und das ziemlich schnell. Kurios: ein *slowes* Modell, das augenblickliche Veränderungen bewirkt. Genau wie bei der Sklaverei – ich beziehe mich hier auf die eingangs erwähnte Analogie –, die lange toleriert wurde, bevor sie endgültig ausgemerzt wurde, ist es jetzt an der Zeit, sich gegen Hunger und Unterernährung zu mobilisieren, zu kämpfen, damit niemand mehr unter der Armutsgrenze leben muss.

Das ist die neue bürgerliche Revolution, der wir uns mit vereinten Kräften auf allen Ebenen mit Leib und Seele widmen müssen, denn die Mission ist durchführbar, es braucht dafür nicht mehr als das Engagement und die Ressourcen, die wir als Staaten, internationale Organisationen und Einzelpersonen zur Verfügung stellen können. Gemeinsam können wir es schaffen – wir können, ausgelöst durch diese neue afrikanische Führungsschicht, eine positive Haltung der Zukunft gegenüber entwickeln, und wir können ihr zur Seite stehen, indem wir den Umgang mit ihr pflegen und sie besser kennenlernen. Sie hat alles, was es braucht, um eine Mission auf dem Land durchzuführen, und wir haben den Eindruck, wir können sie dabei unterstützen. Um es mit den Worten Edgar Morins zu sagen: »Alles muss neu beginnen, alles hat schon neu begonnen« – das neue Afrika kann es schaffen, es wird das neue Entwicklungsmodell für die ganze Welt sein, der Ort, an dem revolutionäre Erfahrungen, die uns ins Glück führen, unter Beweis gestellt werden. Es geht hier nicht nur um das »Geschwafel« von »Leuten, die keine Ahnung haben«, um »Utopisten« oder »Poeten«, sondern um einen echten Weg zu einem neuen Lebenssystem, das die Welt verändern wird.

Eine Idee vom Teilen

———

In meiner Generation, und heute ist es vermutlich nicht viel anders, waren die ersten und die wichtigsten Ernährungsberaterinnen die Großmütter. Sie waren sprudelnde Quellen gastronomischen Wissens, die Tag für Tag die gustatorische Wahrnehmung ihrer Enkelkinder schulten. Liebevoll und geduldig halfen sie ihnen, Vorurteile und Abneigungen zu überwinden, die man als Kind dem Essen gegenüber entwickelt, und das war von grundlegender Bedeutung.

Es ist einer der wichtigsten Beweise für die enge Verbindung zwischen Essen und Zuneigung, Essen und Glück. Es waren die Großmütter, die einem halfen, die Skepsis vor harten Tomatenschalen in der Soße zu überwinden, vor bitterem Gemüse, breiigen Suppen, vor der Haut auf der warmen Milch. Seit die Welt sich dreht, haben erste Erfahrungen in der Küche der Großmütter ganze Generationen geprägt. Und ich bin da keine Ausnahme.

Meine Großmutter väterlicherseits hieß Caterina Vitale. Kaum zwanzig Jahre alt, wurde sie mit einem Eisenbahner vermählt, der zuerst Sozialist war und später zu den Gründern der Partito Comunista in Bra gehörte, dem Städtchen, in dem ich geboren bin. Er hieß – man ahnt es schon – Carlo Petrini, und ich mag diese Tradition des *arnumé*, wie man im Piemont sagt, sehr, nach der die Kinder den Vornamen ihrer Großeltern bekommen. Caterina wurde jung zur Witwe, blieb aber in dem Haus wohnen, das sie einst mit ihrem Mann bezogen hatte, in einem Arbeiterviertel voller Gärtner, Gerber, Eisenbahner und kleiner Handwerksbetriebe, mit vielen Läden und Schenken. Auch eine große Spinnerei gab es, die Scharen von Frauen aus Bra beschäftigte, zu denen auch meine Urgroßmutter Margherita und meine Tante Elisabetta gehörten. In dieser Gegend machte ich meine ersten Schritte, und wenn ich heute darüber nachdenke, entdecke ich in diesen Erfahrungen meine wahren Wurzeln, wozu auch ein tiefer Respekt für ehrbare Armut gehört.

Während eines Besuchs in Kenia hatte ich eine Art Flashback. Ich war in Lare, bei der Gemeinschaft, die den regionalen Kürbis anbaut, der in das Slow Food Presidio aufgenommen wurde, um ihn vorm Aussterben zu retten. Die autochthone Art ist bei großer Trockenheit sehr widerstandsfähig. Man verspeist die Früchte, die zur Haltbarmachung zu Mehl und Säften verarbeitet werden. Weil man auch die Blätter essen kann, sind die Pflanzen besonders ertragreich. Man muss nichts wegwerfen, und wenn es nicht regnet, hat man einen guten Nahrungsvorrat. Den

Anbau leisten dreißig Leute, acht Männer und zweiundzwanzig Frauen, und nach dem Besuch der Felder haben mich die Frauen zum Essen ins *Slow Food Hotel* eingeladen. So heißt das kleine Restaurant, das sie in dem bescheidenen Städtchen eröffnet haben, um ihre Kürbisse bekannt zu machen und ein paar Besucher anzulocken. Es ist ein gastronomischer Versuch, ein kleines Lokal, sehr schlicht, wie alle Restaurants der Gegend (die man dort »Hotel« nennt). Die Küche lag draußen unter freiem Himmel und war nur teilweise überdacht. In großen Töpfen schmorten verschiedene Gerichte auf den Feuerstellen vor sich hin. Der Gastraum war durch zwei große Tafeln und Bänke schon ziemlich voll, während meines Besuchs platzte das Lokal fast aus allen Nähten. Wir saßen dicht an dicht und rückten nah zusammen. Alles war sauber, auf würdevolle Weise arm und perfekt, nur anders. Auf einmal fühlte ich mich zurückversetzt ins Haus meiner Oma Caterina. Auch dort gab es nicht viele Möbel, der Raum, in dem die Familie zusammenkam, war sehr begrenzt, und man kam völlig ohne all die Annehmlichkeiten aus, die viele von uns heute ebenso selbstverständlich wie unbewusst hinnehmen. Ehrbare und saubere Räume, die nach Armut und Miteinander riechen, ein Geruch, dessen Vornehmheit unsere desinfizierten und gleichgeschalteten Nasen nicht mehr zu erfassen in der Lage sind. Genauso roch es im Haus meiner Großmutter, in dem ich als Kind die Wochenenden ver-

brachte und wo Armut mit völliger Selbstverständlichkeit gelebt und praktiziert wurde.

Von einem *Haus* zu sprechen, ist wirklich sehr hoch gegriffen, es war ja nur ein Zimmer im ersten Stock mit einem Balkon, der auf den Hof ging, das Klo befand sich im Erdgeschoss neben dem Holzschuppen. Ein Vorhang im Zimmer teilte das, was man heute als »Schlafbereich« bezeichnen würde, von der Küche ab. Das Wasser wurde eimerweise vom Brunnen nach oben gebracht. Auf diesem engen Raum spielte sich alles ab: Körperpflege, Kochen, Geschirr und Wäschewaschen, das abendliche Brettspiel mit den Nachbarn, Geselligkeit beim Kaffee mit Freunden und Verwandten. Wenn ich daran zurückdenke, was ich in diesem Raum erlebt habe, kommt es mir vor, als würde ich träumen.

Während aus dem Hof des »Hotels« in Lare eine endlose Reihe von Töpfen und Schalen, randvoll mit Soßen, Gehacktem, Gerichten aus Kürbis und seinen Blättern, wie *kimito*, in dem außerdem Kartoffeln und Saubohnen sind, zu uns hereingetragen wurden, fühlte ich mich genau wie damals. Aus Kürbismehl hatten sie *chapati* gemacht, den indischen Fladen, der durch eine kuriose historische Begebenheit (durch die vielen indischen Arbeiter, die zum Bau der Eisenbahnstrecke zwischen Kenia und Uganda dorthin migrierten) zum nationalen »Brot« Kenias geworden ist. Die gebackenen Kringel, *madanzi*, waren ebenfalls aus Kürbismehl. Außerdem gab es Kerne, geröstet oder gekocht, ein Porridge und einen köstlichen Kürbissaft. Unterschiedlich gewürztes Lamm- und Rindfleisch wurde auch serviert. Allein wegen des Aussehens der Speisen hätte der zimperliche Europäer vielleicht die Nase gerümpft, und der klassische Gourmet wäre über die »Darbietung« entsetzt gewesen, aber für mich war es eines der besten Essen meines gesamten Afrikaaufenthalts. Und das nicht nur wegen der Kindheitserinnerungen, die es in mir wachrief, sondern wegen der hervorragenden Qualität, zumal wir es auch noch im Kreis der gesamten Gemeinschaft einnahmen. Schon bald ging das Essen in rituelle Gebete über, in Dankes- und Willkommensreden und in Gesänge: Ich fühlte mich wie im Schoß der Familie, war glücklich, so glücklich wie alle Tischgenossen, die Europäer, die mich begleiteten, ebenso wie die Kenianer aus dem Ort.

Wir teilten, gemäß einer Auffassung von Teilen, die auch »Konvivialität« genannt wird und die Ivan Illich in einem Aufsatz beschrieben hat. Die ursprüngliche Wortbedeutung, nämlich gemeinsam leben und essen, wurde zwischenzeitlich erweitert zur »Fähigkeit einer menschlichen Gemeinschaft, einen harmonischen Austausch zwischen ihren Individuen und Gruppen herzustellen, sowie die Fähigkeit, Gruppenfremdes aufzunehmen«. Ein Konzept, das dem Utilitarismus und jenen produktiven Systemen entgegensteht, die die Arbeit von Millionen von Menschen herabwürdigen. Es ist eine Konvivialität, die das Gemeinwohl und die Fähigkeit des Einzelnen zur Gestaltung seiner eigenen Zukunft ohne Umweltzerstörung bestärkt. Es ist auch das, was ich als »emotionale Intelligenz« bezeichnet habe und womit ich beschreiben möchte, was das Netzwerk von Terra Madre in Verbindung mit einer »selbstversorgenden Anarchie« bewegt und zusammenhält.

Genau die Suche nach dieser Form der Konvivialität, die schon bei der Gründung von Slow Food sozusagen genetisch verankert war (die lokalen Gruppen der Vereinigung heißen auf der ganzen Welt *Convivien*), gab den Impuls für die Entstehung von Terra Madre. Wie war ich auf die Idee gekommen – erstmals 2004 und seither im Zweijahresrhythmus –, Tausende von Bauern einzuladen, Fischer, Lebensmittelhandwerker, Nomaden, Züchter, allesamt Repräsentanten ihrer Lebensmittelbündnisse und noch dazu aus fast allen Winkeln der Erde? Die Erfahrung mit Getúlio Pinto Krahô, der im Irrsinn einer Stadt wie Neapel völlig desorientiert war, hätte mich entmutigen können, noch mehr Indigene, alte Menschen, Frauen und Kinder, die ihr Dorf noch nie zuvor verlassen hatten, dazu einzuladen, sich den Zumutungen einer endlosen, kraftraubenden Reise zu stellen. Aber die Vorstellung von Konvivialität, der Erschaffung dieses großen *Conviviums*, zu dem Terra Madre jedes Mal wird, wenn sich die Vertreter aus aller Herren Länder treffen, hat mir Zutrauen geschenkt: Nur im Austausch von Verschiedenheit, nur in der Begegnung entstehen Identität

und Wachstum. Es war wichtig für die Welt, diese Klein-
bauern, jenen Teil der Menschheit, für den Lebensmittel
tatsächlich der Lebensmittelpunkt sind, miteinander in
Verbindung zu bringen und im Namen geteilter Vorstellungen (Qualität, Nachhaltigkeit, soziale Gerechtigkeit: dem
»Gut, sauber, fair«) etwas Neues zu erschaffen.

Aus dem allerersten Treffen, bei dem wir noch überhaupt nicht wussten, was einmal daraus werden würde, ist
ein Kapillarnetz entstanden, das Netzwerk Terra Madre,
das sich sofort mit dem Netzwerk der Slow-Food-Mitglie-
der der ganzen Welt verschränkt und es sogar überflügelt
hat (Slow Food ist ein Verein, er hat andere Strukturen,
das sollte man nicht vergessen). Wo es Slow Food schon
gab, hat Terra Madre die Produzentenseite gestärkt, also
das Bündnis zwischen Produzenten und Bürgern; wo es
Slow Food noch nicht gab, haben die Gemeinschaften unsere Fahne hochgehalten, wie vielerorts in Afrika, auch in
Kenia. Dieses Netzwerk ist »selbstversorgend anarchisch«,
niemand macht irgendwelche Vorschriften, es gibt keine
ideologischen Vorgaben. Alle stehen miteinander in Kontakt, alle sind bereit, aktiv zu werden, aber vor allem sind
alle bereit, alles miteinander zu teilen: die Ideen, die Techniken, das Wissen. Bereit, eine Idee von Ernährung, eine
Idee von Natur, eine Idee von Politik, eine Idee von Fortschritt, von Gastronomie zu teilen und letztendlich die
Idee, die all das einschließt: die Idee von Glück.

Heute repräsentiert Terra Madre mit ihren über 2.000 Gemeinschaften in nahezu 170 Ländern der Erde zusammen mit Slow Food und seinen über 100.000 Mitgliedern mindestens eine Million Menschen, die, ausgehend vom Lebensmittel, der Wunsch nach einer besseren Zukunft vereint. Vielleicht ist es der größte bestehende multinationale Nahrungsmittelkonzern – aber es ist ein fairer. Im Reichtum seiner inneren Vielfalt, in der Vielschichtigkeit der Aufgaben, die seine Mitglieder täglich verrichten, liegt unbändige Kraft, weshalb wir erneut sagen können: »Alles muss neu beginnen, alles hat schon neu begonnen.«

Eine Idee von Ernährung

Bei all dem Überfluss an Rezepten, Menüs, Diäten und wissenden Orakelsprüchen bekannter Gastronomen zu diesem oder jenem Gericht, wie wir sie insbesondere im Fernsehen zu hören bekommen, schweifen meine Gedanken beim Thema Ernährung in Erinnerungen immer wieder in das bescheidene Haus meiner Großmutter zurück, wo abends, wie in fast allen piemontesischen Familien Ende der 1950er Jahre, *supa 'd lait*, Milchsuppe, auf den Tisch kam. Wenn die Hitze des Tages nachließ, stellten sich die Frauen einen Stuhl vor die Haustür, und das ganze Viertel saß in Grüppchen beieinander. Ich war ja damals noch ein kleiner Junge und spielte mit den anderen Kindern auf der Straße, wo die wenigen Automobile, die es damals gab, noch kein Ärgernis waren. Die Abende waren magisch: Wir konnten nicht abwarten, bis es endlich so weit war, dass wir uns dem Miteinander widmen konnten, die Kinder genauso wie die Erwachsenen.

Der Takt der Abendstunden wurde noch nicht durch das Fernsehprogramm oder die Nachrichtensendungen vorgegeben, es wurde relativ zeitig gegessen. Hauptsächlich eben

supa 'd lait: große Schalen mit Milch, einem Tröpfchen Kaffee für die Farbe und so viel Brot, wie man wollte, natürlich altbackenes. Anschließend gab es gekochten Schinken oder Käse und Obst. Was den Hunger von uns Kindern aber am besten stillte, war die Milchsuppe, in die wir das übrig gebliebene Geschenk der Götter eintunkten, bevor ein paar Jahre später der Zwieback und eine ganze Armada von Industriekeksen dem Brot den Rang abspenstig machten. Ich kann mich noch genau an das Gefühl erinnern, das ich beim Essen der mit Milch vollgesogenen Brotstücke hatte, an das Schlürfen, wie zufrieden ich mich mit vollem Bauch fühlte. Dieses elementare Geschmackserlebnis, das mich satt machte und mir diesen schlichten Genuss verschaffte, ist die Grundlage meiner heutigen Leidenschaft für Suppen mit altbackenem Brot, von denen es in der italienischen Tradition so viele gibt.

Überhaupt Brot: In den Restaurants wird heute daran »herumgeknabbert«, weil es sich für einen klassischen Gourmet nicht schickt, sich in der Zeit zwischen den einzelnen Gängen den Bauch damit vollzuschlagen, man ist schließlich kein Grobian, kein Bauerntölpel. Unter Leuten meiner Generation dürfte es in Italien allerdings schwer sein, jemanden zu finden, der auf Brot als Beilage zum Essen völlig verzichtet oder widerstehen kann, es in großen Mengen in sich hineinzustopfen, sobald der Brotkorb auf dem Tisch steht.

Ich finde das gar nicht so ungehörig, es ist vielmehr ein Vermächtnis unserer bäuerischen Kultur, das weniger übergriffig oder peinlich ist als der pseudobürgerliche Dünkel adeliger Herkunft, der das Brot gerne in homöopathischen Dosen verabreicht sehen würde – als wolle er, fast als missverständliche Reaktion auf einen irgendwie gearteten *bon ton*, ein Verlangen und einen Genuss unterdrücken, der von einem einfachen körperlichen Bedürfnis ausgelöst wird. Dieses Bedürfnis ist das wahre historische Gedächtnis alles Gastronomischen, von den ältesten überlieferten Gerichten bis hin zu den modernsten Kreationen der Haute Cuisine, ein Bedürfnis, das jeder Lebensmittelzubereitung zugrunde liegt: der Hunger.

Dass er Frauen erfinderisch machte, die aus ganz wenigem spektakuläre Gerichte zauberten, haben wir ja schon gesehen, aber es gibt Menschen, denen es noch viel schlechter geht. Heute gibt es auf der Welt nicht nur diejenigen, die zwar wenig haben, aber immer noch genug. Es gibt auch diejenigen, und es sind viel zu viele, die nicht genug oder gar nichts zu essen haben. Ich ertrage es nicht mehr, dass ein Gastronom diese Schande, mit der wir leben und gegen die wir nicht genügend unternehmen, einfach ignoriert. Wenn das Essen wieder in die Mitte unseres Lebens zurückkehren soll, weil es Genuss, Miteinander, Teilen, Kultur, gerechte Ökonomie und Glück ist, dann muss es in den Mittelpunkt des Lebens aller zurückkehren, auch derjenigen, die heute nichts haben und aus dem Zustand des Mangels befreit werden müssen.

Der Hunger wird toleriert wie ein Unglück, das einem zustößt, irgendeinem, der weit weg ist. Er wird als eine Art Naturkatastrophe gesehen, ein unvermeidbares Phänomen, das ein paar Unglückliche trifft, schuld- und grundlos, aber auch unvermeidlich. So ist es nicht, *so darf es nicht sein* in einer fortschrittlichen Welt wie der unseren, in der wir uns sogar brüsten, die Naturgewalten zu beherrschen, in der wir haufenweise Entdeckungen und alle möglichen elektrischen und mechanischen Erfindungen gemacht haben. Warum ist es uns da noch nicht gelungen, den Hunger zu besiegen? Weil es nicht reicht, dem Blitz die Zügel anzulegen, man muss sie dem Verstand anlegen: Man muss das Denken der Menschen ändern. Was wir brauchen, ist eine umfassende und vollkommen neue, weltweite Sensibilisierungskampagne für neue Paradigmen.

Selbst die FAO betrachtet ihre Handlungsansätze der Vergangenheit kritisch. 2014 wurde zum Internationalen Jahr der familienbetriebenen Landwirtschaft ernannt. Die Forderung nach unbedingten jährlichen Produktionszuwächsen – die auch auf Kosten der Umwelt und der Gesellschaft gehen – ist demnach kein vorrangiges Ziel mehr. Es findet ein Kurswechsel statt, man verfolgt hauptsächlich lokale mikroökonomische Landwirtschaft, die direkte Subsistenz und zukunftsträchtige, nachhaltige Entwicklung sichert. Ziele also, die wir mit dem afrikanischen Garten-projekt erreichen konnten.

Im Jahresbericht der UNCTAD (La Commissione sul Commercio e Sviluppo) steht: »Man muss von der Grü-nen Revolution [damit sind technische Innovationen, wie genetisch selektierte Pflanzensorten, Düngemittel, Phyto-pharmaka, gemeint, die in den 1940er bis 1970er Jahren für Produktionszuwächse, aber auch für erhebliche, nicht vertretbare Umweltschäden sorgten, *A. d. A.*] zu Ökolo-gischer Intensivierung übergehen. Das bedeutet einen schnellen und bedeutenden Paradigmenwechsel von der herkömmlichen – auf Monokulturen mit erheblichen ne-gativen Auswirkungen basierenden und von der indus-triellen Produktion abhängigen – Landwirtschaft hin zu einem Mosaik aus nachhaltigen, regenerativen Systemen, die einen beträchtlichen Produktionszuwachs der Klein-bauern beinhaltet.« Es ist kein Zufall, dass der neue, seit 2012 amtierende Generaldirektor der FAO, der Brasilia-ner José Graziano Silva, mir in einem kürzlich gegebenen Interview erklärte: »Die Grüne Revolution war uns in den Nachkriegsjahren, als noch nicht genug für alle da war, eine große Hilfe. Bei Gründung der FAO 1945 war die logische Schlussfolgerung aus den bestehenden Prob-lemen eine Steigerung der Produktion, und die haben wir erreicht. In den vergangenen 50 Jahren ist die Nahrungs-mittelverfügbarkeit pro Kopf weltweit um 40 Prozent gestiegen. Heute ist die Ursache für den Hunger nicht mehr in erster Linie der Mangel an Nahrungsmitteln, sondern die Tatsache, dass arme Bevölkerungsgruppen sich den Erwerb nicht leisten können oder keinen Zugang zu den notwendigen Produktionsmitteln, den Ressourcen oder dem Know-how haben, um sie selbst herzustellen. Wir brauchen eine neue, eine zweifach grüne Revolution, mit der die Produktion gesteigert wird, die Umwelt aber gleichzeitig erhalten bleibt. Die familiäre Landwirtschaft kann uns dabei eine große Unterstützung sein. Früher hielt man die Familienbetriebe für einen Teil des weltweiten Hungerproblems, dabei sind sie in Wirklichkeit Teil der Lösung für Nahrungsmittelsicherheit und nachhaltigen Fortschritt. Mit dem internationalen Jahr der familienbetriebenen Landwirtschaft wollen wir diese Denkweise verändern, wir wollen einen Paradigmenwechsel einleiten.«

Man muss zurück in die bescheidenen Haushalte, wie den meiner Großmutter, das »Restaurant« in Lare oder die Behausungen der Bauern, die ich in Chiapas, Uganda, Brasilien, in Peru und Osteuropa gesehen habe; man muss das Wissen wiederbeleben, das dort zu finden ist, die Bravour der Frauen, die familiäre Landarbeit, die aus der regionalen Tradition und der biologischen Vielfalt erwächst und mit unserer Unterstützung so viel besser werden kann, ohne sie deshalb mit einer industriellen Herangehensweise – die schon viel zu viel Schaden angerichtet hat – vollkommen umzukrempeln, auszulaugen, auszulöschen. Unsere Arbeit muss sich insbesondere auf den Erhalt der menschlichen und pflanzlichen Vielfalt richten, weil wir nur so unsere Zukunft sichern können. Vielfalt ist die mächtigste kreative Kraft unseres Planeten; sie ermöglicht Wachstum, Veränderung, Anpassung und Verbesserung. Das können wir von der Natur und ihren Mechanismen lernen, aber auch von der Kultur, beispielsweise der Lebensmittelkultur.

Wenn ich im Ausland bin, können Journalisten sich häufig die Frage nach meinem Leibgericht nicht verkneifen. Es ist schwierig, das Rezeptdenken und die mit dem Essen verbundenen ausschließlich ästhetisch-hedonistischen Aspekte hinter sich zu lassen, da die Medialisierung interessanter ist als die Sache selbst, die schnelle Antwort interessanter als profunde Analyse. Aber alldem und mir selbst zum Trotz bleibe ich höflich und gebe eine Antwort, auch wenn es mir widerstrebt. Was sind also meine Leibgerichte, welche sind identitätsstiftend? Die Brotsuppen habe ich ja schon erwähnt, und weil ich eine italienische und eine piemontesische Identität habe, repräsentiert die klassische Pasta mit Tomatensoße den Italiener in mir, wohingegen die *bagna cauda*, ein für meine Gegend typischer Dip aus Knoblauch, Öl und Sardellen, ein Symbol für den Genuss im Piemont ist.

Wenn ich genauer darüber nachdenke, sind diese beiden Gerichte zwar Ausdruck meiner Identität, aber keines davon wird aus Zutaten gemacht, die ursprünglich aus meiner Heimat stammen. Bei der Pasta kommen weder die Nudeln, über deren Erfindung sich die Chinesen mit den Arabern streiten, noch die Tomaten, die aus Amerika stammen und anfangs lediglich als Zierpflanze genutzt wurden (in Neapel bevorzugte man anfangs in den traditionellen Rezepten Gemüsepaprika statt Tomate), ursprünglich aus Italien. Und trotzdem ist Pasta heute irgendwie die gastronomische Quintessenz unseres Landes. Bei der *bagna cauda* ist es ähnlich: Das Piemont, der Name sagt es schon, ist eine größtenteils bergige Region ohne Meer, piemontesische Sardellen sucht man daher vergebens. Die, die wir essen, stammen aus dem angrenzenden Ligurien mit seinen schönen Küsten. Und von ganz wenigen Ausnahmen abgesehen werden im Piemont keine Oliven angebaut, es gibt also fast kein kalt gepresstes Öl aus piemontesischen Oliven. Zwei grundlegende Bestandteile der *bagna cauda* sind also nicht lokal, sondern Ergebnis des Handels mit den ligurischen Nachbarn. Was bedeutet das?

Es bedeutet, dass Identität immer durch Austausch entsteht, und der kann wiederum nicht entstehen, wenn man nicht mit anderen in Beziehung tritt; wir haben hier also einen weiteren Beleg für eine Tatsache, die wir schon festgestellt haben, nämlich dass Essen immer ein Netzwerk ist. Und wenn meine Hypothese richtig ist, dass auch das Glück ein Netzwerk ist, wenn wir ihm schon eine Form geben müssen, dann ist die Lösung schnell gefunden. Wenn wir uns verschließen, wenn wir allein bleiben, sind wir niemand, sind wir nicht glücklich. Und weil das aufs Essen zutrifft, das uns repräsentiert und uns das Gefühl gibt, Teil einer Gemeinschaft zu sein, und außerdem identitätsstiftendes Symbol dieser Gemeinschaft ist, weil es zum Familienleben gehört und wir es als emotional und irgendwie tröstlich empfinden, trifft es auch auf menschliche Beziehungen zu, auf unsere Gefühle: Die Seele wird durch Austausch genährt, durch Beziehungen, durch Verbindungen. Manchmal auch durch Kontraste; aber wer denkt, er könne die eigene Identität durch Abschottung retten, mit der ganzen damit verbundenen Palette von Gefühlen – angefangen vom scheinheiligen Misstrauen Fremdem gegenüber bis hin zu echtem Rassismus –, hat nichts begriffen. Er wird allein bleiben, seine Kultur zum Scheitern und Sterben verurteilt, überflügelt von jenen, die sich anderen gegenüber mit der Bereitschaft, Neues aufzunehmen, ohne Vorbehalte öffnen; jenen, die bereit sind, im etymologischen Sinn zu lernen, weil sie aufnahmefähig sind für den Reichtum an Wissen und Zuwendung, der uns umgibt.

Sich zu öffnen bedeutet auch, gemeinsame Absichten zu vertreten, wie es in den Gemeinschaften von Terra Madre der Fall ist, die so verschieden sind, aber untereinander so einig. Ich wünsche mir und glaube fest daran, dass wir diese gemeinsame Absicht erreichen und dem Hunger den

Krieg ansagen, damit alle zu essen haben, denn alle haben ein Recht darauf. Essen, das, wie wir gesehen haben, weit über ein Sattwerden hinausgeht, weil es ein grundlegendes Element der Anerkennung der menschlichen Würde ist, die wir alle allein durch unsere Existenz verdienen.

Eine Idee von Natur

Es heißt, dass Nahrungsmittel durch die Zubereitung von Natur in Kultur verwandelt werden, und auch ich habe das in der Vergangenheit mehr als einmal gesagt. Wenn ich auf Reisen bin, kann ich es nicht abwarten, die örtlichen Gerichte und Zubereitungsarten auszuprobieren. Und je weiter sie von dem entfernt sind, was mir vertraut ist, desto neugieriger bin ich auf dieses unbekannte Terrain, auf unbekannte Denk- und Lebensweisen. Ich brenne darauf, mit allen Sinnen zu erforschen, wo ich gelandet bin, und mir anzuhören, was die Köche, Landwirte und Fachleute aus der Gegend zu erzählen haben. Wenn man eine Stadt begreifen will, sollte man zuallererst ihre Märkte besuchen, mit den Leuten sprechen, die dort Lebensmittel verkaufen, sich kundig machen, was angeboten wird und woher die Dinge kommen. Was wir essen, ist eine unserer höchsten und unmittelbarsten kulturellen Ausdrucksformen: hoch deshalb, weil es das Resultat aus Verstand, Kreativität, Arbeit und Wissen ist; unmittelbar, weil wir es uns einverleiben. Es wird sofort Bestandteil unserer selbst, man kann es ungefiltert erleben, und – das ist besonders wichtig –

über das Essen sind wir direkt mit der Natur verbunden, deren Bestandteil wir schon allein deshalb sind, weil wir existieren.

Ein Same entstammt der Natur (falls er nicht Ergebnis einer Biotechnologie oder einer biologischen Auswahl ist, in solchen Fällen ist die menschliche Einflussnahme bereits in diesem Stadium gegeben). Dann wird er eingepflanzt, wächst, wird aufgezogen, kultiviert, geerntet, verkauft, verarbeitet, gekocht und uns in Form eines Nahrungsmittels zurückgegeben, das dann eben *auch* Ausdruck einer Kultur ist. Es steckt (eine Menge!) Kultur im Ackerbau und in der Art, ihn zu betreiben, in den überlieferten oder ausgedachten Rezepten, in der Handfertigkeit, dem Gewusst-wie hinter jedem Arbeitsschritt, durch den das Essen »vom Feld auf den Tisch« kommt. Auch das Essen selbst ist Kultur, wenn man sich damit beschäftigt, darüber nachdenkt, wenn Essen gemeinsam eingenommen wird und Geselligkeit daraus entsteht.

Geht es aber darum, was natürlich ist und was nicht, greift die Gegenüberstellung von Natur und Kultur zu kurz, weil das eigentlich zwei Seiten derselben Medaille sind – oder eher noch ein Prozess: Das Essen lässt sich als die Evolution von etwas Natürlichem betrachten, als eine von menschlicher Hand geleitete Evolution, die man mit Verantwortung, Respekt, Egoismus, Zerstörung, Weisheit oder Ignoranz betreiben kann … Unsere Aufgabe ist es,

das Bewusstsein und Wissen dahingehend zu lenken, dass Natur wieder so aufgefasst wird, dass sie sich selbst erhalten und über die Zeit bestehen kann (was als »Nachhaltigkeit« bezeichnet wird). Wir müssen also einen ständigen Balanceakt vollführen aus dem, was wir von den verfügbaren Ressourcen verbrauchen, wie viel wir davon übrig lassen und was wir wieder zurückgeben.

Essen und Glück sind Netzwerke, das habe ich schon erwähnt. Sie haben also dieselbe Form wie die Natur, die auch ein Netzwerk ist: ein unbegrenztes und unkontrollierbares System aus Beziehungen, die vom winzigsten Atom bis zur Erde selbst reichen, diesem Planeten, auf den wir unsere Füße stellen. Auch wir sind ein Teil dieses Systems, selbst wenn manche Vorstellungen das Gegenteil behaupten und uns so darstellen, als könnten wir alles kontrollieren und die Natur vollkommen beherrschen. Wir können sie verändern, was wir ja unablässig tun, das gehört zur menschlichen Geschichte, aber dass wir sie jemals kontrollieren könnten, sollten wir uns aus dem Kopf schlagen. Das große System Natur lässt sich nicht durch den Menschen kontrollieren. Und so ist es kein Zufall, dass es trotz unserer Anstrengungen, sie zu erforschen und zu begreifen, immer noch eine Menge weißer Flecken gibt, die wir mit unserem Verstand und unserer Intelligenz möglicherweise nie durchdringen werden. Im Vergleich zur Natur sind wir so winzig; wir müssten eine demütige Haltung einnehmen, aus der ein Verhältnis entstehen kann, von dem beide etwas haben. Dabei sollten wir uns stets bewusst sein, dass wir in einem heiklen Gleichgewicht leben, das wir alleine gar nicht aufrechterhalten können. Wir sind ein Netzwerk innerhalb anderer Netzwerke, und jedes Mal, wenn wir etwas Bestehendes verändern, müssen wir sicherstellen, dass das Problem, das wir gerade lösen wollen, nicht zu anderen, größeren Problemen führt. Wir wähnen uns im Glauben, alles zu kontrollieren, ohne aber die Konsequenzen unseres Handelns jemals ganz kontrollieren zu können.

Wenn ich einem pflanzlichen Organismus ein tierisches Gen einpflanze, wenn ich einen genetisch veränderten Organismus schaffe, wie kann ich dann ausschließen, dass dieser, einmal auf den Acker gebracht, keine irgendwie geartete Interaktion mit seiner Umgebung hervorruft? Wie soll ich denn wissen, welche Folgen diese Innovation in zehn, zwanzig, hundert Jahren verursacht? Wenn ich auf meinem Acker große Mengen chemische Mittel wie Dünger, Pestizide und Unkrautvernichter einsetze, wie kann ich davon ausgehen, dass sie nicht in das große Natursystem eingehen? Dass sie die Lebendigkeit des Bodens nicht beeinträchtigen, nicht in den Wasserkreislauf und die Atmosphäre eindringen oder sogar in mich selbst, wenn ich die Anbauprodukte zu mir nehme? Wenn ich den Geschmack, das Aussehen und die Konsistenz eines Nahrungsmittels durch chemische Produkte verändere, wie kann ich da denken, dass diese nicht Bestandteil des Lebens auf der Welt werden?

Das Essen wird heute immer künstlicher, und es gibt Unmengen von Veränderungen: Man kann Organismen gentechnisch verändern oder Produkte aus konventionellem Landbau durch industrielle Weiterverarbeitung ihrer sinnlich wahrnehmbaren Eigenschaften berauben und mit Aromen, Verdickungsmitteln, Konservierungsstoffen »ummanteln«. Künstlichkeit an sich ist ja nichts Schlechtes, aber wir müssen uns darüber im Klaren sein, dass sie eine Veränderung der großen Naturmaschinerie ist, die uns am Leben erhält. Noch einmal: Es ist eine Frage des Gleichgewichts. Mit der Landwirtschaft ist der Mensch in das Reich der Natur »eingedrungen«, um sie seinen Zwecken zu unterwerfen. Das hilft uns zu überleben, aber heutzutage wird es zu einem Hindernis und geht so weit, dass wir nicht mehr gut und gesund leben können. Wir haben es mit den Eingriffen übertrieben, haben eine Grenze überschritten, und die Natur könnte sich aus einer wohlwollenden Mutter, die sich uns hingeben und nähren will, in eine böse Stiefmutter verwandeln, die uns aus Rache für unsere Verfehlungen bitter bezahlen lässt. Wir dürfen nicht zulassen, dass der menschliche Egoismus über die Großzügigkeit der Natur siegt.

Ich könnte tausend Beispiele dafür aufzählen. Ich denke an die landwirtschaftlichen Katastrophen, die im Namen des »Fortschritts«, bei näherer Betrachtung aber für den Profit stattgefunden haben. An die Monokulturen, die die natürliche Vielfalt vernichten. Der neu gewählte internationale Slow-Food-Präsident Edward »Edie« Mukiibi aus Uganda hat mir erzählt, weshalb er zum Gartenmodell »konvertiert« ist, bei dem verschiedene lokale Arten kleinräumig nachhaltig und ohne externe Einflüsse angebaut werden: Die vielen unterschiedlichen Pflanzenarten, die in den Gärten nebeneinander wachsen, können Trockenheit, Parasiten und andere widrige Einflüsse viel besser überstehen. Und wenn der Ertrag in einem Jahr für eine Sorte mal schlecht ausfällt, bleiben einem immer noch die anderen. Edie ist diplomierter Agrarwissenschaftler, und obwohl er erst achtundzwanzig Jahre alt ist, hat er die Vorteile der überlieferten, traditionellen Anbaumethoden durch eigene Erfahrungen schätzen gelernt.

Direkt nach seiner Abschlussprüfung arbeitete er in einer Forschungsgruppe, die im Labor ein für die Wachstumsbedingungen in Uganda geeignetes Maishybrid entwickelte und den Landwirten – zumindest auf dem Papier – einen höheren Ertrag und größere Gewinne einbringen sollte. Als das Saatgut so weit war, hatte er die Aufgabe, die Bauern von dessen Qualität zu überzeugen. Die Aussicht auf bessere Ernten und einen höheren Kontostand überzeugte alle schnell, den traditionellen Anbau, der ihre Familien ernährte und ihnen Jahr für Jahr eine gewisse

Geldsumme einbrachte, mit der neuen Maissorte zu ersetzen, die sich auf dem Markt angeblich gut verkaufen und sogar exportieren lassen würde. Sie dachten sich: Was wir essen müssen, kaufen wir dann mit dem verdienten Geld. Aber die Forscher hatten die klimatischen Bedingungen in einigen Regionen nicht berücksichtigt, und in jenem Jahr herrschte große Trockenheit, eine Plage für den neuen Mais. Am Ende konnte keiner Mais ernten, die Bauern verloren alles, was sie hatten, und stürzten in Verzweiflung.

Edie ist ein sehr sensibler und intelligenter Mensch, und er berichtet, dass er die Gesichter der Bauern nie vergessen wird, als er ihnen erklären musste, dass die Sache nicht ganz nach Plan gelaufen sei. Seitdem ist er überzeugt, dass Monokulturen der falsche Weg sind. Er geht sogar so weit zu sagen, dass »Monokulturen in Afrika ein Verbrechen gegen die Menschlichkeit« sind. Er hat begriffen, dass es um Vielfalt gehen muss, dass kleinräumige Produktion und Subsistenzwirtschaft sein Land und den Kontinent, auf dem es sich befindet, ernähren werden.

Das hyperindustrialisierte westliche Agrarmodell, das Lebensmittel als *commodity*, als reine Ware, betrachtet, die es zum besten Preis zu vermarkten gilt, ohne ihren wahren Wert zu schätzen, ist nicht der richtige Weg: In der Vergangenheit hat es in den westlichen Ländern viele reich gemacht, heute werden es immer weniger. Es verursacht aber schon immer Umweltverschmutzung und Ressourcenverschwendung, es folgt den Regeln des Geldes, nicht der Natur. Es folgt der Kultur der Gier, nicht der Suche nach Harmonie mit unserer Umwelt, die wir schließlich selbst sind – das haben wir immer noch nicht begriffen. Wir selbst sind Natur, sind Essen, sind Energie, sind Menschen. Und Geld ist nichts von alledem.

Eine Idee von Politik

Wenn ich über das Slow-Food-Programm spreche, habe ich früher oft – aber auch in letzter Zeit nicht selten – zu hören bekommen, das sei doch alles nur Utopie, sehr poetisch; als ob ich von Dingen reden würde, die nicht konkret und deshalb nicht wichtig wären. Es hat mich nicht gekränkt, auch heute nehme ich es mir nicht zu Herzen – mir tut nur mein Gegenüber ein bisschen leid, das nicht versteht, worum es mir geht. Außerdem bin ich der Meinung, dass Poeten zu den besten Interpreten unserer Realität gehören, sie denken am weitesten voraus, also nehme ich es als Kompliment.

Ich brauche da nur an einen wie Pier Paolo Pasolini zu denken, der in den Jahren des italienischen Wirtschaftsaufschwungs behauptete, sobald Bauern und Handwerker aus unserem Land verschwunden seien, sei unsere Geschichte zu Ende. Er sagte das in einer Zeit intensiver Entwicklung, die alle mit ihrer Modernität begeisterte, einer Zeit, die möglicherweise geschickter darin war, die Vergangenheit auszulöschen, als darin, eine Zukunft aufzubauen. Aber er, der Poet, war sensibel genug, den Wert derjenigen zu erkennen, auf die zu Unrecht herabgesehen wurde. Denn es stimmt: Italien hat durch diesen Boom auch auf das umfangreiche Wissen, die große Menschlichkeit der Bauern und Handwerker verzichtet, die, vom Boom überzeugt, in die Städte gezogen und Fabrikarbeiter geworden sind. Es hat darauf verzichtet, sich um den Boden zu kümmern (denn wer kümmert sich um ihn, wenn nicht diejenigen, die ihn bestellen? Wer wird sich um ihn kümmern, wenn auf dem Land keine Menschen mehr leben?), und ist heute hässlich geworden, zubetoniert, bedroht von klimatischen Erscheinungen, die zwar manchmal außergewöhnlich sind, aber oft auch ganz normal.

Wenn es tagelang regnete, sagte man früher in den *Langhe*, die Bauern »führen das Wasser spazieren«. Diese poetische Redensart umschreibt, dass sie über die Hügel gingen und Gräben aushoben, die sich ins Tal schlängelten, damit das Wasser langsamer abfloss und länger brauchte, bis es unten ankam. Dadurch war es nicht so gefährlich. Und wer führt heute das Wasser spazieren? Vielleicht ist es ja kein Zufall, dass es immer mehr Erdrutsche, Überschwemmungen und Einstürze gibt. Braucht es Poesie? Ja, es braucht sie verdammt noch mal. Auch weil Poesie ein machtvolles Mittel zum Glücklichsein ist: Sie hilft einem, das Glück zu finden, wo man es nie vermutet hätte, in Dingen und Tätigkeiten, die vollkommen bedeutungslos scheinen.

Die Poesie dessen, was Bauern und Handwerker können, ist außerdem sehr konkret, sie kann die Welt verändern. Durch die Poesie von Terra Madre und der Lebensmittelbündnisse produzieren beispielsweise Millionen von Bauern auf den Äckern der Erde Lebensmittel, kümmern sich um den Boden, sorgen für den Erhalt von Artenvielfalt und Ernährungskulturen, bekämpfen Hunger und Unterernährung. Diese Poesie bedeutet auch eine konkrete Rückkehr gerade jüngerer Menschen zur Erde, einen weltweiten Wandel in der Ernährungswahrnehmung und der Art, Politik zu machen. Sie ist ein neues Paradigma der menschlichen Wiedergeburt in Krisenzeiten, die selten so dunkel waren.

Mit einem »poetischen« Blick kann man es schon wahrnehmen, kann sich daran erfreuen, wo es, im Stillen, ohne großen Medienrummel schon umgesetzt worden ist. Mit dem Auge des Poeten kann man die Zukunft ohne große Zaubersprüche oder Wahrsagungen schon heute sehen. Man braucht nur die Brille zu wechseln. Wir müssen die gewohnte Brille der Politik absetzen, der es heute so schwer wie noch nie zuvor fällt zu begreifen, was um sie herum geschieht; aber die Brille der Intellektuellen, der Wissenschaftler und Ökonomen, die noch tief im alten gesellschaftsökonomischen Paradigma feststecken, das uns in diese allgemeine Krise geführt hat, die müssen wir auch absetzen.

Uns fällt auf, dass das Bedürfnis nach Veränderung sehr weit verbreitet ist. Manche »konvertieren« ganz plötzlich. Hin und wieder hören wir sogar schon, dass ein bisschen Utopie, ein bisschen Poesie ab und zu ganz gut für die Gesundheit und die Gesellschaft sei. In Italien und überall sonst auf der Welt gibt es zahllose solcher Bewegungen in der Zivilbevölkerung.

Wir sind uns immer einiger, dass eine Veränderung notwendig ist, und sie zeichnet sich auch schon ab, nur ist sie uns bis gestern noch nicht aufgefallen, und viele begreifen es immer noch nicht. Wenn sich jemand wie ich hinstellt und sagt, man müsse »zur Erde zurückkehren«, müsse die landwirtschaftlichen Ökonomien, körperliche Arbeit und das Handwerk, regionale und nachhaltige Produktions- und Konsumsysteme aufwerten, wird er sofort als naiv und weltfremd bezeichnet. Aber wenn man die Brille wechselt, wird es sichtbar. Man begreift, dass all das auf der Welt schon geschieht, und zwar seit Jahren. Weil die bewährten Praktiken in den Bereichen Ernährung, Landwirtschaft, Umwelt, Wissensüberlieferung zur Modernisierung der Handwerksberufe in den meisten Ländern der Erde schon wieder eingesetzt werden. Es gibt unvergleichlich virtuose Beispiele auf der ganzen Welt, aus denen man schöpfen kann. Es gibt viele, nicht ausschließlich junge, herausragende Leute. Je weiter ich herumkomme, desto mehr davon begegnen mir: Sie haben Umweltbewusstsein und lehnen ihre Lebensentwürfe an Traditionen an, die als längst vergessen oder als überkommene Randerscheinungen galten. Es ist doch gar kein Geheimnis: Wenn es sich um bewährte *Praktiken* handelt, dann ist es *per definitionem* möglich, sie zu *praktizieren*. Und so setzen Bürger den Wandel in Gang, durch ihre Taten.

Also Poesie praktizieren? Man bräuchte sich einfach nur mal umzuschauen, um zu begreifen, was passiert (und damit, wie die Zukunft aussieht), aber fast all unsere Politiker sehen lieber weg oder sind mit anderen Dingen beschäftigt. Die Politik bekommt überhaupt nicht mit, dass es Leute gibt, die die Welt verändern, indem sie ihr eigenes Leben, ihren Alltag verändern. Weil es eine Politik ohne große Visionen ist, ohne Utopien, ohne Poesie. Eine Politik mit unfruchtbarem Boden, auf dem keine Zukunft gedeiht. Man muss die Würde einer Politik, die sich von Poesie und Utopie nährt, wieder ins Bewusstsein bringen. Und dass Politik ein Handwerkszeug ist – auch das gerät in Vergessenheit. Die Rückkehr zur Erde, und sollte sie nur darin bestehen, anders einzukaufen, ist für diejenigen, die immer noch die alte Brille auf der Nase haben, utopisch oder »Nischenverhalten«, für sie ist es Poesie. Aber die vielen kleinen Lebensrealitäten werden sie überwältigen, da bin ich mir sicher. Auf die Idee, dass diese Leute Wirtschaft machen, ist bis jetzt noch keiner gekommen, auch viele Poeten des Wandels nicht. Aber die kleinen Protagonisten unserer gesellschaftlichen Wiedergeburt handeln zutiefst politisch, im Dienst der Allgemeinheit und motiviert von ihrem Traum. Die vielen individuellen Träume werden in den kleinen Dingen zu Lebensrealität und schaffen eine große Perspektive für alle. Ein junger Schäfer kann heute mehr Realökonomie machen als viele von denen, die euch als Ökonomen vorgesetzt werden, das garantiere ich euch. »Endlich kommt der Frühling«, sagte Ermanno Olmi, der große Regisseur und ein wahrer Poet unserer Zeit, begeistert zu mir, als ich ihm am Rande einer Tagung zu den neuen Lebensmittelhandwerken und Umweltthemen begegnete, an der sehr viele junge Leute teilgenommen hatten, die sich bereits engagierten. Ich bin vollkommen seiner Meinung, und alle anderen brauchen sich auch keine Sorgen mehr zu machen. Der Frühling kommt: Man kann ihn spüren, man kann ihn sehen. Er beginnt mit dem Essen, mit dem Netzwerk der Lebensmittel, mit der Wissenschaft vom Glück: mit der Gastronomie.

Ich wollte davon sprechen, was Politik sein kann, und habe von Poesie gesprochen, aber nur Dummköpfe glauben, das sei nicht dasselbe. Es ist ein Fehler, diejenigen aus der politischen Arena auszugrenzen, deren Ansätze auch Träumereien miteinschließen. Natürlich ist die Poesie eine Politik der Zukunft und drückt sich in ganz anderen Worten und Taten aus, als diejenigen von uns, die mit der Leidenschaft des politischen Widerstands groß geworden sind, sie gewohnt sind. Heute wird die einflussreichste, die mächtigste Politik auf dem Acker gemacht – mit dem, was dort angebaut wird und auf unseren Tisch kommt. Politik wird gemacht, wenn wir gegen das weltweite Ernährungssystem rebellieren, das, wen wundert's, das Resultat all der Dinge ist, gegen die wir in den Sechziger- und Siebzigerjahren gekämpft haben: ein Imperialismus, ein Kolonialismus, der keine Fahne kennt, keine Gesichter, dem es aber unter dem Deckmäntelchen der Logos und Markennamen fast gelungen ist, sich das Saatgut, den Anbau, die Viehzucht, die Verteilung, selbst den Konsum der Lebensmittel unter den Nagel zu reißen. Es ist kein Zufall, dass sie es in ihrer Hinterlist genau darauf abgesehen haben, während alle meinten, Politik spiele sich auf ganz anderem Terrain ab. Und fast hätten sie gewonnen, weil sie sich der größten Quelle des Wohlbefindens und des Glücks bemächtigen wollten, die wir haben: der Dinge, die wir essen.

Ich glaube, am Ende werden sie nicht gewinnen. Ein neuer Frühling kommt.

Gut, sauber und fair.
Das Slow Food Magazin